综合实践活动课程的新时代建构

总主编　成尚荣　张　华　柳夕浪

社会服务与职业体验

杨燕燕　仲建维　著

河北出版传媒集团
河北教育出版社

图书在版编目（CIP）数据

社会服务与职业体验 / 杨燕燕，仲建维著. -- 石家庄：河北教育出版社，2019.12
（综合实践活动课程的新时代建构）
ISBN 978-7-5545-5549-1

Ⅰ. ①社… Ⅱ. ①杨… ②仲… Ⅲ. ①活动课程－教学研究－中小学 Ⅳ. ①G632.3

中国版本图书馆CIP数据核字(2019)第267912号

社会服务与职业体验
SHEHUI FUWU YU ZHIYE TIYAN

作　　者　杨燕燕　仲建维

出 版 人　董素山
策　　划　张　辉　何春雅
特约编辑　高力夫
责任编辑　王　景
装帧设计　于　越
出版发行　河北出版传媒集团
　　　　　河北教育出版社　http://www.hbep.com
　　　　　（石家庄市联盟路705号，050061）
排　　版　河北九易数字技术有限公司
印　　刷　石家庄联创博美印刷有限公司
开　　本　787 mm × 1092 mm　1/16
印　　张　15
字　　数　200千字
版　　次　2019年12月第1版
印　　次　2019年12月第1次印刷
书　　号　ISBN 978-7-5545-5549-1
定　　价　35.00元

综合实践活动课程的新时代建构

编 委 会

前言 QIANYAN

提升综合课程品质，增强学生综合素质

习近平总书记在全国教育大会上，非常鲜明地指出，“培养什么人，是教育的首要问题”。立德树人是教育的根本任务，也是教育现代化的方向目标，同时要求在“增强综合素质”等六个方面下功夫，培养学生的综合能力和创新思维。

立德树人的根本任务一定要落实在课程建设中，增强综合素质的要求一定要落实在教学活动中。2017 年，教育部颁布了《中小学综合实践活动课程指导纲要》(以下简称《指导纲要》)，其目的就是要引导学生从个体生活、社会生活及其与大自然的接触中获得丰富的实践经验，形成并逐步提升对自然、社会和自我之内在联系的整体认知，具有价值体认、责任担当、问题解决、创意物化等方面的意识和能力，着力培养学生的跨学科综合素质。全国教育大会上习总书记的重要讲话，让我们更深入地思考学生综合素质的培养问题；再次审视《指导纲要》，我们应当将《指导纲要》置于教育改革发展的宏大背景下，置于落实立德树人的根本任务之中。通过认真学习和深入讨论，我们以习总书记在全国教育大会上的重要讲话为纲，对《指导纲要》

进行了深入具体的解读，在解读中进一步提升了对综合实践活动课程的价值愿景和目标的认识。我们认为应当从理论和实践相结合的角度，帮助教师提高对综合实践活动课程的理性认识，提高综合实践活动课程设计和组织实施的能力，从而全面提升综合实践活动课程的品质，增强学生的综合素质。为此，我们决定组织编写一套关于中小学综合实践活动课程的指导丛书。

值得重视的是，习总书记在讲话中，进一步明确了党和国家的教育方针，提出要努力培养德智体美劳全面发展的社会主义建设者和接班人，并强调“要在学生中弘扬劳动精神，教育引导学生崇尚劳动、尊重劳动，懂得劳动最光荣、劳动最崇高、劳动最伟大、劳动最美丽的道理，长大后能够辛勤劳动、诚实劳动、创造性劳动”。劳动教育已是教育方针的重要组成部分，已纳入德智体美劳全面发展的教育体系和更高水平的人才培养体系中，无疑，劳动教育必须落实在课程中。当然，《指导纲要》对劳动教育的目标、要求和内容等有明确具体的要求，教育大会后我们还必须从教育方针的高度，对劳动教育进一步增强、充实，提升其意义。为此，丛书还要通过对《指导纲要》的解读，进一步将综合实践活动与劳动教育结合起来，以劳动教育为重点，凸显劳动教育的统领性。这样，指导用书的方向更鲜明，关系更明晰，更具时代感。

加强劳动教育与综合实践活动，培养学生的综合素质，是国际基础教育课程改革的共同走向。我们必须有更开放的胸怀，更宽阔的视野，尊重和吸纳国际课程改革的理论与经验，丰富自己。与此同时，我们又必须将劳动教育与综合实践活动课程的设计、实施、资源开发等，深植于中华传统文化中，扎根中国大地，体现新时代中国特色和中国经验，丛书名称中的“新时代建构”体现的正是这一价值定位和追求。

综合实践活动是落实立德树人根本任务的课程形态、具体途径和实现方式，丛书的根本目的是探索综合育人、实践育人、活动育人的规律和特点，其目标是指导教师创造性地落实《指导纲要》，以学生为主体，以变革学习方式为重点，培养学生的创新精神，增强想象力、实践力、创造力，让学生在综合实践活动中站立起来，为培养时代新人夯实基础。

从育人这一根本目的和任务出发，我们又确定了丛书编写的原则：既要提升认识，又要指导实践，两者要结合好、融通好，而且要解读准，说得明，指导得具体、切实；既要整体设计，又要突出重点，整体设计在于有框架意识、宏观思维，突出重点在于让教师把握要点，以求突破，形成特色；既要指导中小学教师设计、开展综合实践活动，又要有利于教研、科研等方面的专家拓展理论视野。根据编写宗旨与原则，丛书基本形成了科学、有用、亲切、有趣等特色。

为了达到预期的效果，编委会邀请张华、柳夕浪等知名专家、学者担纲，以提升丛书的权威性、科学性，搭建一个更高的平台，在更高层次、更大范围内进行对话。丛书共有十册，分别为:《〈中小学综合实践活动课程指导纲要〉解读——44个问答》，柳夕浪主编;《综合实践活动课程的国际视野》，张华著;《综合实践活动课程的理论视野》，张紫屏著;《考察探究与设计制作》，高振宇、包新中著;《社会服务与职业体验》，杨燕燕、仲建维著;《数字时代的创造性学习——创客教育理论》，钱旭鸯著；《数字时代的创造性学习——创客教育实践》，谢作如、刘正云、张敬云著；《综合实践活动课程的评价与管理》，戎庭伟、张馨月编著；《原来就在你身边——综合实践活动课程的资源开发》，张晓东、杨健主编；《创造一个分享的世界——综合实践活动课程案例集锦》，夏心军、成尚荣主编。

非常感谢河北教育出版社领导和编辑的重视、支持和辛勤工作，他们的视野、创意、品质、作风值得我们学习。尤其要感谢张辉副总编辑、特约编辑高力夫、地方教材编辑室主任何春雅以及各册责任编辑，他们为本套丛书的出版付出了诸多辛劳。

综合实践活动课程是国家课程，对培养有理想、有本领、有担当的时代新人，让他们成为社会主义的建设者和接班人，有着重要的价值、意义，相信这套丛书对推进综合实践活动课程的实施，推动劳动教育，会发挥积极的作用。

2019 年 7 月

目　录

上编　社会服务

下编 职业体验

第一章

社会服务的内涵

社会服务原本是一个主要在社会学意义上使用的概念。作为一个社会学概念，社会服务有广义和狭义之分，不过典型的社会服务，主要是指公益性、志愿性的服务。社会服务作为活动方式被吸收进综合实践活动课程之中，意味着它不但要体现社会学的意义，更要体现教育的属性和价值。作为教育学概念使用的社会服务，对国际上流行的“服务学习”概念保持着开放性，在追求服务和学习的融汇、追求服务效果和教育意义相统一这种意义上，社会服务与服务学习是一致的，这一点鲜明地体现在《中小学综合实践活动课程指导纲要》对社会服务的定义中：“它强调学生在满足被服务者需要的过程中，获得自身发展，促进相关知识技能的学习，提升实践能力，成为履职尽责、敢于担当的人。”

综合实践活动课程是依托活动或以活动为载体开展的。在 2017 年出台的《中小学综合实践活动课程指导纲要》(以下简称《指导纲要》)中,最引人关注的部分是创新性地提出了综合实践活动的四种活动方式,分别是考察探究、社会服务、设计制作和职业体验。这四种活动方式,在表述上是针对综合实践活动课程早先设计的四大板块即研究性学习、社区服务与社会实践、劳动技术教育和信息技术教育的架构做了较大幅度的修改。在新的表述中,原先的“社区服务”概念被置换为“社会服务”,并且社会服务是作为一种独立的活动方式被提出来的。相较于原来“社区服务”与“社会实践”两个概念杂糅在一起,从而导致社区服务被置于社会实践的阴影下而往往得不到实质重视而言,无疑新的修改表明社会服务类活动在综合实践活动课程架构中的地位得到了象征性的提升,这种地位的提升必然意味着对社会服务活动意义的理解和重视得到了进一步的加强。因为出现在综合实践活动中的社会服务是一个新概念,因此无论从研究还是从实践角度,大家首先关注的问题是社会服务有什么样的内涵。作为开篇,本章就致力于讨论社会服务的含义。实际上,不仅在综合实践活动课程中谈论社会服务是一个新话题,就是在整个教育研究领域内,关于社会服务的相关研究文献也相当稀少,这是因为传统上的社会服务主要是在社会学领域和社会政策实践领域中被加以讨论和使用的。这意味着,在谈论综合实践活动课程中的社会服务的内涵之前,先要谈论社会服务作为一个社会学概念的内涵。这是一项基础性工作,目的是为接下来讨论社会服务在综合实践活动中的内涵更好地做铺垫。

一、社会服务的社会学内涵

实际上，人们对社会服务这个概念并不陌生，因为它已经是一个在现代社会中司空见惯、经常被人们挂在嘴上的词语，或者说，它已经是一个日常概念。所谓日常概念，简单来说，就是我们会常说常用的概念。这种概念广泛地出现于日常语言和日常情境中，人们借助日常经验的积累来把握和使用它们。不过，一个概念越是大众化，就往往意味着越难在确定的意义上理解和使用，或者说越会在不同的意义上被理解和使用。因此，从研究的角度来说，我们还是要侧重从学术的角度来透视一个概念的内涵。社会服务就不仅是一个日常概念，也是一个学术概念，作为学术概念。它主要归属于社会学，并延伸使用在经济学和法学等领域。不过，在这些领域中运用社会服务概念，也是主要取社会服务的社会学内涵。

（一）社会服务的几种代表性定义

在我国，社会服务作为一个学术概念的历史并不长，但在社会学领域已经有了一定的研究积累。即便如此，社会服务作为一个社会学概念的内涵和外延也依然没有稳定下来。关于社会服务的定义有很多，在这里我们仅列举几个具有代表性的定义加以分析。

著名社会学家郑杭生教授从广义上把社会服务界定为“由政府组织提供的公共服务，市场组织提供的有偿私人服务以及非政府组织（非营利性组织）提供的公益性服务构成”[1]。现代社会有三种制度安排，分别是政府组织、市场组织和社会组织，相应地，这三种组织构成提供社会服务的三种主体，三种主体提供的服务类型及其性质是不同的。简而言之，政府组织提供的社会服务是公共服务，即政府组织使用公共权力或公共资源向公民所提供的各项服务；市场组织提供的服务则是私人或营利性的私人企业使用私人资源提供的有偿的私人服务；非政府组织（非

[1] 倪明胜：《社会服务概念辨识与路径优化》，《江西社会科学》2012 年第 2 期。

营利组织）的社会服务是其作为社会的第三部门使用相应的社会资源提供的社会服务，是一种非营利性的社会公益性服务，这是“典型的社会服务”。除了广义的定义外，郑教授还讨论了狭义的社会服务定义：“狭义的社会服务，或者指政府向公民提供的公共服务，或者是指市场组织提供的社会性的私人服务，或者是指社会组织提供的社会公益性服务，着重指这种公益性服务。这每一种都是狭义的特殊的社会服务。”[1]

学者张金花基于对我国现实社会活动领域的考察，把社会服务定义为“以‘方便民众、服务社会’为共同特征的服务性活动”[2]。基于这种定义，她把社会服务的类型划分为四种：经济型服务，特指在完成某项买卖交易时消费者能够享用的服务，例如售后服务，是一种变相的有偿服务；方便生活型服务，是着眼于广大人民群众日常生活中的需求而产生的服务行为，例如社区服务、礼仪服务、家政服务等，它以方便人们的日常生活为基本特征；职能扩展型服务，主要体现为政府职能部门转变工作作风和态度，将社会服务社会化，例如“110”已经从最初的警务性功能扩展为辐射社会为广大群众排忧解难的服务性功能；义务（志愿）型服务，是指建立在服务者自觉自愿基础上的无偿性服务行为，这种服务类型以志愿服务为主要代表。

民政部政策研究中心课题组把社会服务定义为：“在现代化过程中，政府为了维护和保障全体公民，尤其是社会困难群体和特殊群体（如老年人、残疾人、儿童、失业者、贫穷者等）的生存发展权益和尊严生活需求，主导并实施向其家庭或个人提供必要的日常劳务帮助和照顾服务支持的一项政策体系和制度安排。”[3]

---

[1] 郑杭生：《从社会学视角看社会服务》，《中国民政》2011 年第 5 期。
[2] 张金花、王新明：《对我国社会服务理论与实践的考察》，《河北学刊》2003 年第 5 期。
[3] 民政部政策研究中心课题组：《关于社会服务发展演进与概念定义的探析》，《中国民政》2011 年 6 期。

（二）对几种代表性定义的概括分析

对上述几种定义，可以从几个方面去做概括性的分析。

1. 存在广义社会服务和狭义社会服务之分

郑杭生教授从广义和狭义两个角度来界定社会服务，但他对社会服务的内涵并没有做出明确解释，实质上主要谈的是社会服务的外延。公共服务、有偿私人性服务和公益性服务这三种由不同的服务主体提供的服务类型的合体构成广义的社会服务的外延，这三种服务各自又单独构成狭义的社会服务的外延。张金花学者对四种社会服务类型的划分与郑教授三种服务类型的划分基本可以对应起来，她对社会服务的定义也是最为广义上的，不过她简洁明了地概括了内含在这四种服务类型的共同特征，即“方便群众、服务社会”，可以把这种共同特征理解为广义上的社会服务的内涵。在这八个字中，无疑“方便”两个字最为关键，可以说张金花的广义上的社会服务定义是以“提供方便”为基本标准加以界定的，这个标准实际上是比较宽泛的，通过这个标准，产品售后服务才会有资格被纳入社会服务的范围之中。

像郑杭生教授那样解释狭义的社会服务，即认为公共服务、有偿私人性服务和公益性服务这三种服务类型每种都各自构成一种狭义的社会服务，有合理性但不够理想。社会服务概念从广义向狭义的运动，应该是一种逐渐向人们对社会服务的理想靠近的过程，公益性服务就是这种靠近过程最理想、最后的停靠点。实际上，郑教授也认为狭义的社会服务定义“着重指这种公益性服务”，认为公益性服务是“典型的社会服务”。所谓典型，即意味着其满足了人们对社会服务的理想想象。人们总是会倾向于侧重从伦理或道德的角度来看待社会服务，而公益性社会服务最能体现真诚关心和无私奉献的道德高度。

2. 存在有偿社会服务和无偿社会服务之分

从上述的几种定义来看，社会服务还存在着有偿服务和无偿服务之分。在广义的社会服务定义之中，无偿性并不是一个标准，尤其是张金花学者的社会服务分类中的“经济型服务”和“方便生活型服务”就主要是有偿性服务；但在公益性服务这种社会服务类型中，无偿性则是一个很显著的特征，有些社会机构例如图书馆向公益性服务方向转变，就是以突出免费为要点的。

虽然无偿性不是社会服务的绝对标准，不过是否有偿却在很大程度上影响着人们对一种活动或事业的社会服务性质的看法。例如，当家政服务已经完全由市场力量来决定时，人们虽然名其为社会服务，但已经不会在伦理角度上去看待这种服务性行业，它被称之为社会服务，仅仅是因为它具有“提供方便”这样的特征，也就是说，它已不是人们在伦理学意义上理解的社会服务。相反，公益性服务之所以被举为社会服务的典型，就是因为它的无偿的性质所烘托出来的服务的无私性和奉献性。

3. 存在社会服务和公共服务之分

在社会服务的定义中还涉及了一个问题，即社会服务和公共服务之间是什么关系。郑杭生教授把社会服务分为三种类型，其中以政府为服务主体所提供的服务叫公共服务。依照他的划分，公共服务只是社会服务的一种或一部分，社会服务的范畴要大于公共服务，并且社会服务存在政府性社会服务和非政府性社会服务之分，政府只是提供社会服务的主体之一。

不过，在民政部政策研究中心课题组的社会服务定义中，则是只提到了政府对社会服务的“主导”作用。政府提供的服务是公共服务，即使一些社会服务不是由政府直接提供的，但因为是政府主导实施或政府购买的，这种社会服务也就具有了公共服务的性质。因此，在民政部政策研究中心课题组的定义中，公共服务和社会服务基本是同义的。民政部政策研究中心课题组是站在社会实践政策的角度来定义社会服务的，社会实践政策的视角主要就是政府施政的视角，因此它把社会服务限制性地界定为一种“政策体系和制度安排”。这种限制性解释更加强调了社会服务的公共服务性质。把公共服务和社会服务同义起来，还有另一种理解方式，即有的学者认为我国的社会服务就是公共服务，理由是“在当代中国仍然是政府主导着社会，非政府的社会机构发育并不充分，因此，将社会服务和公共服务看作同一概念，或者是可以相互替代的概念”[1]。这种理解实际上也点出了一个突出问题，即当公共服务和社会服务范畴不分，社会服务被公共服务概念吸收的时候，民间性社会服务就很难发展起来，从而社会服务就很难作为一种生活方式在民众的日常生活中扎根。

但也有一种观点认为社会服务是公共服务的一部分，公共服务的外延要大于社会服务，例如有学者就认为“公共服务面向国家或区域内所有公众，而社会服务专门针对其中的特殊群体；公共服务是提升公民福祉的宏观范畴，而社会服务是公共服务各门类中最微观、最具体的内容”[2]。这种观点是基于对社会服务的一种狭义的理解，即认为社会服务是专门针对公众中的特殊群体即弱势人群的服务。这种理解有一定的学理上的依据。国际学术界比较一致的观点是，社会服务作为一个社会政策视域下的学术词汇或概念是由英国伦敦经济学院的理查德·蒂特姆斯（Richard titmuss）教授首次提出的。在此前国外关于社会福利的研究中，社会福利概念包括教育、住房、收入保障和医疗健康四个领域，但1951年蒂特姆斯教授提出：“除了四种福利外，还有一个独立领域存在，即社会服务。”[3]社会服务是“通过将创造国民收入的一部分人的收入分配给值得同情和救济的另一部分人，且对普遍福利有贡献的一系列集体的干预行动”[4]。蒂特姆斯教授实际上是认为社会服务是公共服务或公共社会福利的一部分。

以蒂特姆斯教授的社会服务定义来看民政部政策研究中心课题组的

[1] 倪明胜：《社会服务概念辨识与路径优化》，《江西社会科学》2012年第2期。
[2] 张序：《社会服务：一种重要的公共服务》，2013-07-08，http://theory.people.com.cn/n/2013/0708/c40531-22118596.html。
[3] 同上。
[4] 高娜、张欢：《社会服务概念与内涵辨析》，《行政科学论坛》2015年第1期。

社会服务定义：在蒂特姆斯教授那里，社会服务是有专指意义的，即社会服务的服务对象是社会弱势人群。但在民政部政策研究中心课题组的定义中，社会服务等同于公共服务或公共社会福利，社会服务的对象扩充到全体公民。不过，它也吸收了蒂特姆斯教授的观点，强调社会服务尤其要惠及社会弱势人群，即蒂特姆斯教授的社会服务的专指意义通过在定义上强调要保障“尤其是社会困难群体和特殊群体（如老年人、残疾人、儿童、失业者、贫穷者等）的生存发展权益和尊严生活需求”而体现出来。

以上是社会服务的几种定义，但有时候我们也是在不同意义上使用社会服务这个概念的，例如社会服务有时候也被用来指一种专业，有时候又泛指一种价值观和精神。

二、综合实践活动课程之社会服务的内涵解读

社会服务的社会学内涵在价值指向上侧重关注社会服务在保障人权、维护社会公正、维护社会稳定和促进社会文明进步上的价值，在利益指向上则侧重关注和保障服务对象的利益。社会服务被吸收到综合实践活动课程之中，不仅仅是因为社会服务有这些方面的社会学意义，更是因为它有充分的教育意义。相应地，在综合实践活动课程的范围内讨论社会服务，首先要解释的是社会服务的教育学属性和内涵。

（一）社会服务的两个相关概念

在讨论综合实践活动课程之社会服务的内涵之前，需要先谈两个概念，分别是“社区服务”和“服务学习”。之所以要谈这两个概念，是因为社会服务概念与这两个概念有很大的相关性。

1. 社区服务

在综合实践活动课程中，社会服务的前身概念是社区服务。在2001年颁布的《教育部基础教育课程改革纲要（试行）》中，明确规定综合实践活动课程的内容主要包括四大板块，分别是信息技术教育、研究性学

习、社区服务与社会实践以及劳动与技术教育，这是综合实践活动课程的早期架构。在这一架构中，社区服务是和社会实践合体构成综合实践活动的一个板块，也就是说，社区服务并不是一个独立表述的内容板块。把社区服务与社会实践合体表述存在两个问题。问题一是，社会实践范畴很广，社区服务实际上也是社会实践的一种，因而两者在逻辑上不是并置的。问题二是，因为没有被独立地加以表述，所以社区服务的地位和受重视程度在实践中就变得较低，社区服务的光环被社会实践吸收或掩盖了。课程实施结果也显示出，在社区服务与社会实践这一板块中，侧重以社区服务形式开展的实践活动少之又少。在《指导纲要》颁布之后的新的综合实践活动课程架构中，社会服务概念取代社区服务概念并获得独立表述，无疑其分量相较于原先的社区服务是大大提升了。

社区服务也是一个在多种意义上使用、没有稳定内涵和外延的概念。首先，它的含义高度依赖于人们对"社区"这一概念的理解。有时候人们在非常具体的意义上使用社区概念，例如提到社区，就想到由街道办领导的社区居委会或村民委员会，通过这样的联想，社区概念就变得非常具象化，其有明确的地理特征和组织架构。在这个意义上理解的社区服务，就是在一个明确的地理区域内进行的服务。上述张金花学者关于社会服务的定义中，社区服务只是社会服务下的方便生活型服务的一种服务类型，其所说的社区服务，大概就是在这个意义上来说的。

但很多时候，我们是泛化地使用社区一词，即把这个词的运用扩展到社会文化意义上。虽然社区总是由一定的人群所互动构成的，但是由共同的文化和社会特征组织起来的社区却不一定有明确的地理范畴，或者说地理在这种社区定义中并不是一个关键的要素。这种意义上的社区，更多强调的是一种共同体性质。从这个意义上理解的社区，范围可大可小，学校就是一个社区，学校周边的区域也可构成一个社区，一个国家也可构成一个社区，甚至有的社区是国际性的。我们关注社区，并非是拘泥于关注社区的地理性质，而是关注社区的互动互惠的本质，社区就是在这种互动互惠过程中发展和建设起来的。

另一方面，从提供服务的主体来看，社区服务既可指社区作为提供服务的主体自上而下向社区居民提供的服务，也可指外来者进入社区为社区居民提供的服务。也就是说，因提供服务的主体不同，虽然社区自己提供的服务和外来者介入提供的服务共称为社区服务，且都是向社区居民提供服务，但实际上有较大差别。

2. 服务学习

要把握综合实践活动之社会服务的内涵，还需要了解一个相关概念，即“服务学习（service learning）”。可以毫不讳言地说，综合实践活动课程中的社会服务的概念构想在很大程度上是吸收了国外尤其是美国流行的服务学习的理念。

“服务学习”概念是1967年由美国教育学家罗伯特·西蒙（Robert Sigmon）和威廉·拉姆齐（William Ramsey）在美国南部地区教育委员会的一次会议上正式提出的。这一概念在提出后的一段时间内较为冷寂，到20世纪80年代后期，其迅速变成一个热门的教育改革话题，之后的十年，是服务学习在美国快速推广的时期，用“服务学习运动”来指称当时服务学习在美国教育改革中的声势似乎并不过分。其时除了在大学越来越普及外，在中小学，“到1999年，32%的公立学校都将服务学习作为课程的一部分，而且83%的学校都支持教师将服务学习整合进课程之中”[1]，并且，服务学习已经变为一个政策概念出现在联邦层面的相关法案之中。进入21世纪以来，服务学习运动的声势虽然没有上个十年那般浩大，但是其并没有衰退，总体来说，当前服务学习在美国是处于一个稳健发展的时期。现在，服务学习理念已从美国扩及到世界各地。

罗伯特·西蒙等在提出这一概念的时候，就强调服务和学习之间的互惠性。后来，西蒙曾就服务和学习之间的关系建立了一个分类框架

---

[1] 张华：《论“服务学习”》，《教育发展研究》2007年第5A期。

（见表 1–1）：[1]

表 1–1　服务学习教学法的四种层次区分

服务学习的梯级	主要的和次要的受益者
service–learning（服务—学习）	服务和学习目标完全是分离的
Service–LEARNING（服务—**学习**）	学习目标是主要的，服务结果是次要的
SERVICE–learning（**服务**—学习）	服务结果是主要的，学习目标是次要的
SERVICE–LEARNING（**服务—学习**）	服务和学习目标并重，是互惠的

可以在广义上把这四种层次都归于服务学习的范畴，不过，依据西蒙对“互惠性”的强调，真正的和狭义上的服务学习概念只是上述分类框架中的第四种，这种服务学习不是把“服务”或“学习”仅仅视为手段或目的，而是强调它们之间互为手段和目的的紧密关系。这里对服务学习的界定，也采取这种狭义上的解释。狭义上的服务学习内涵，是建立在与社区服务相区分的基础之上的。关于服务学习与社会服务的区分，可借由下面的案例做一形象说明：[2]

> 清理河岸是（社区）服务；
>
> 坐在科学教室里在显微镜下观察水样本是学习；
>
> 学习科学课的学生从当地的水资源中心获取水样本，接着分析样本，证实结论并向某污染控制机构提供科学信息是服务学习。

这一案例包含了三种活动情形。第一种即清理河岸的活动是单纯的社区服务，而不是服务学习，社区服务只强调服务对社区的意义，而不

[1] AL Phelps, “Stepping from service–learning to SERVICE–LEARNING pedagogy” . Journal of Statistics Education Volume 20, Number 3(2012), http://www.amstat.org/publications/jse/v20n3/phelps.pdf.

[2] Tsung–Ming Liu, “Junior High School Students' Perceptions of Service Learning for Admission to High School,” ProcediaSocial and Behavioral Sciences, 197(2015):75–82.

关心服务对教育的意义。当然，这种社区服务或多或少会起道德教育的作用，但是它与学校学习尤其是学科学习的联系几乎可以忽略不计。第二种活动即坐在科学教室里通过显微镜观察水样本是一种单纯的学科研究活动，在性质上则只是学习。它有两个特征：一是它以获得发现和学习知识为其唯一目的，不带有服务意图；二是它所研究的对象即水样本只是一种自然物，其不包含反映周围现实生活状况的信息。第三种活动则是真正的服务学习，它体现了学科探究和生活探究的有机统一，体现了服务和学习的有机统一。它同样有两个显著特征：一是它以知识的实践应用而不是以单纯的知识发现为最终目的，也就是说，它不只关注知识的真理性价值，更关注以服务为指向的知识的工具价值。二是虽然同样包括了研究水样本的活动，但是第三种活动中的水样本和第二种活动中的水样本在性质上有根本的差别，即与第二种活动中的水样本只是一种自然物不同，第三种活动中的水样本负载和折射了周围环境中的人类生产生活的诸多信息。研究水样本就是研究生活，对这种水样本的研究首先体现出学生对生活环境的一种关心态度和意识，与第二种活动中学生只是单纯的学习者不同，在第三种服务活动中，学生首先是以一个负责任的公民的身份在行动。

简而言之，服务学习的基本特性就是在研究的基础上把学校课程学习与对世界的关心有机联系起来，把知识学习与道德、情感学习有机整合起来。服务学习的定义有很多，但所有定义者都强调这种整合性，这是他们之间的共识。包括西蒙，学术界普遍地把服务学习理解为本质上是一种经验教育的形式，它扎根于经验教育理论。例如美国学者维尔钦斯基（FL Wilczenski）和库米（SM Coomey）把服务学习定义为“一种经验教育的形式，在其中，学习通过行动和反思的循环而进行，学生合作运用知识解决一个社区问题，同时，反思经验以获得对复杂问题的更深入的亲身理解”[1]。这种定义让人们自然地把服务学习与杜威的实用主义经验教育思想联系起来。实际上，服务学习虽然是一个新的教育概念，但其并非代表着一种全新的教育思想革命，它的思想基础明确而强有力的扎根于杜威的经验教育哲学。杜威的教育哲学是从反思自学校教育产生以来就存在的校内和校外、理论和实践之间存在的各种二元对立现象开始的，意识到它们之间被割裂的危险并探讨学校教育和社会、生活的统一之道，这构成了杜威教育哲学的逻辑起点。从这个起点出发，杜威发展出了一种经验探究教育模式，这是杜威对教育哲学的最大贡献。西蒙对学校教育也有类似的反思，西蒙指出了正规教育最主要的缺陷之一就是学校教育和生活经验的隔离，学校不愿承认经验本身可以是教育的内容。这种反思构成了西蒙定义服务学习概念的思想前提，由此他把服务学习界定为一种经验教育的方式。

基于对服务学习的上述理解，可以进一步明确服务学习与社区服务的区别。很大程度上，服务学习的定义是在与社区服务的概念区分中确立起来的，这种区别，正如张华教授所说，就是“‘社区服务’属于社会学范畴，而服务学习则属教育范畴”[2]。作为一个教育学概念的服务学习，本质上它是一种经验教育，它通过建立服务和学习的关系把学校和真实的世界联系起来，把教育和经验联系起来。这种服务学习具有杜威意义上的教学方法论性质，即它与学科课程联系起来，在改变学科教学和学习样态的过程中体现着杜威的经验探究教学法的要义。

（二）综合实践活动课程之社会服务的内涵分析

《指导纲要》中把社会服务定义为：“学生在教师的指导下，走出教室，参与社会活动，以自己的劳动满足社会组织或他人的需要，如公益活动、志愿服务、勤工俭学等，它强调学生在满足被服务者需要的过程

[1] FL Wilczenski，SM Coomey，“Basics of Service Learning”, 2007. http://www.doc88.com/p-3867776942198.html.
[2] 张华：《论“服务学习”》，《教育发展研究》2007 年第 5A 期。

中，获得自身发展，促进相关知识技能的学习，提升实践能力，成为履职尽责、敢于担当的人。”可以结合对上述社会服务的社会学内涵的分析以及对社区服务、服务学习相关概念的讨论，进一步分析综合实践活动之社会服务的内涵。

1. 社会服务与社区服务的关系

这里不是从一般意义上讨论社会服务与社区服务的关系，而是在综合实践活动课程的视域下讨论两者的关系。上文已述，在新的综合实践活动课程设计中，是用社会服务概念代替了社区服务概念，那么这种替代或置换有什么理由和根据吗?

代替应该有代替的理由，理由要说明前者对后者的优势或确定社区服务概念的局限性，但目前似乎对此并没有一个正式的、公开的说法，社区服务概念的局限性在研究中并没有很明确的讨论。或许用社会服务概念置换社区服务概念很难说有根本性的理由，社会服务概念并不排斥社区服务概念，社会服务也往往强调是依托社区开展的，依托社区开展的服务活动既可以被称为社区服务，也可以被称为社会服务。

如果说两者有区别的话，从字面上来看，社区服务更多是强调服务活动是在社区展开的，社会服务不受“社区”这个概念的限制。另外，用社会服务概念取代社区服务概念可能还有另一方面的好处或者更深层的理由，即社会服务概念内含着要求人们去理解个人和社会关系的需要，要求把服务活动放在人与社会之间的关系中去考量，并在这种考量中把握服务活动所具有的伦理向度。

2. 社会服务与服务学习的关系

在新的综合实践活动课程架构中，并没有运用国际上流行的服务学习概念，这意味着服务学习并没有在我国变身为一个教育政策概念，但这并非意味着社会服务概念与服务学习概念没有什么关系。实际上，服务学习概念是社会服务概念构想的一个重要参考。

综合实践活动课程中为什么要用社会服务概念代替社区服务概念并

没有一个明确的说法，因此也就很难说社区服务概念有什么缺点。但是服务学习的内涵却是在和社区服务的比较中确立和清晰起来的。在这种比较中，社区服务概念的局限性显而易见，因此反过来可以说，社区服务概念的局限性也是在和服务学习概念的比较中明确起来的。

然而，在和服务学习概念的比较中明确下来的社区服务的局限性，它是否构成综合实践活动课程设计中用社会服务概念取代社区服务概念的理由，并没有官方化的、明确的说法。过去在“社区服务与社会实践”框架下实施的社区服务，往往仅以体现服务为重点，与学习的结构性联系不够紧密，这样实施的社区服务活动，因为与学校课程的分离而继续维持着杜威和西蒙所说的课程与生活、理论与实践之间的二元分离问题。如果社区服务的实施仅以体现服务为重点，则这种服务即使是在综合实践活动的框架下实施的，也不太具有教育学的属性。

社会服务主要是作为一个教育学概念被吸收进学校教育之中的。当然，它并不排斥社会服务的社会学意蕴，即社会服务在促进社会繁荣和文明进步上的意义，因为社会的文明和进步有赖于所有人包括学生的公民参与，当学生参与社会服务活动时，某种意义上来说他就是作为一个社会实践工作者参与完善我们生活于其中的世界或社会。不过，社会服务被吸收进综合实践活动课程中，主要还是因为其充分的教育学意蕴，即在学校语境下谈论和实施的社会服务，则始终把教育学生视为社会服务的价值核心。

服务学习就是社区服务与学习的统一，社会服务在概念上不同于服务学习，“社会服务”是在社会学领域中提出来的概念，“服务学习”则是在教育学领域提出来的概念；但是，既然社会服务进入教育话语体系内，进入综合实践活动课程范畴之内，则在追求服务和学习的融汇、追求服务效果和教育意义相统一这个意义上，社会服务与服务学习又是一致的，社会服务概念向服务学习概念保持着开放性。

社会服务概念与服务学习概念在内涵上的接近已经很明显地体现在

《指导纲要》对社会服务的定义之中。《指导纲要》规定，在综合实践活动课程中实施的社会服务“强调学生在满足被服务者需要的过程中，获得自身发展，促进相关知识技能的学习，提升实践能力，成为履职尽责、敢于担当的人”。这其中，“满足服务者的需要”体现了社会服务的社会学意义，但强调在这个过程中实现促进学生发展和学习的意义时，就是在强调社会服务的教育学意义和属性，也就是说，综合实践活动课程中实施的社会服务的终极意义体现在它的教育目的指向。

就体现社会服务的教育学属性这一点而言，具体到社会服务的活动形式来说，各种服务活动形式都可以加上“教育”二字，实施志愿服务本质上就是要实施志愿服务教育，开展公益活动本质上就是要进行公益教育，就是“通过课内和课外、校内和校外、正规和非正规等教育途径，从小培养孩子的公益意识，培养孩子的公益行为与能力，让他们从自我做起，从自己身边的小事做起，用自己的力量参与到改善家庭、学校和社区的公共事务中来，从而树立起责任感和主人翁精神’，其核心是，通过参与公益生活，使学生正确地认识社会、关心社会，并积极负责任地参与到社会事务中，培养学生积极正确的公民价值观和良好的公民素养”[1]。

另外，吸收了服务学习理念的社会服务会关注服务对学校课程学习的作用，在社会服务过程中，通过运用而展示在学校所学到的知识和技能的实践意义和工具价值，同时，在社会服务过程中所产生的经验和解决问题的要求又会进一步促进课程知识的学习。就此而言，社会服务成了促进知识技能学习的一种载体或平台，它在某种意义上具有教学法或学习法的性质。

3. 社会服务的具体开展形式

在《指导纲要》对社会服务的定义中，列举了开展社会服务的几种具体形式。对这几种具体的形式，这里做一点概括性的介绍。

[1] 张志红：《公益教育的概念、内涵与特点》，《中国校外教育》2013 年第 8 期。

（1）公益活动

现代意义上的“公益活动”是一个西方概念，其中“公益”对应的英文名词是“public interests”，对应的英文形容词是“public”，而“公益活动”的英文词汇是“public activities”。与社会服务概念有广义和狭义之分一样，公益活动也有广义和狭义之分。广义上的“公益”泛指“一切涉及公共利益的社会活动及个人行为，包括政府性的和非政府性的……狭义上的‘公益’指个人或社会组织以非政府性形式进行的，具有自愿性、非营利性、社会性等特征的社会活动及个人行为”[1]。广义的定义是对“公益活动”的一种过于泛化的理解，它使得公益“等同于‘公共利益’‘国家利益’‘社会利益’等，这主要是用存在争议的‘公共利益’解释‘公益’所致”[2]。正是因为广义定义存在这样的问题，所以有学者倾向于对“公益活动”做狭义的理解，认为公益就是“公益救助”的简称，而公益活动就是“具有民间性的、自愿性的、非营利性、社会价值等特征兼具的社会活动或行为”[3]。也就是说，民间性、志愿性、非营利性和追求积极的社会价值是公益活动的基本特征。在这里，“民间性”得到突出强调。所谓民间性，是指公益活动“只能由民间团体或组织承担具体的实施工作，这是公益事业区别于一般性社会公共事务的本质特征”[4]。

上述是从社会学的角度对公益活动概念做出广义和狭义的区分。对于综合实践活动课程来说，这样的区分意义不大。因为参与公益活动的主体是学生，学生不具有政府身份；同时，如果说“民间性”就是归属于某个民间团体或组织，那么学生又不具有这种性质的民间身份。学生就是以学生的身份参与公益活动，他们参与的公益活动可以是自发组织的，也可以是政府或民间公益团体组织的。我们更多是在这样一种意义上理解公益活动，即“是指个体走出私人空间进入公共空间，通过参与、

[1] 杨超、唐亚明：《“公益”概念辨析》，《伦理学研究》2015 年第 11 期。
[2] 同上。
[3] 同上。
[4] 同上。

合作等途径在改善社区和社会建设中发挥个体力量、创造公共利益的过程，进而促进个体和社会的整体发展”[1]。

（2）志愿服务

志愿服务直译自英文 volunteer service。所谓志愿服务，是指“不以营利为目的，经志愿服务组织安排，由志愿者实施的自愿帮助他人和服务社会的公益行为”；志愿服务组织是指“依法登记，从事志愿服务的非营利性社会组织”；志愿者是指“在志愿服务组织登记，不以获得报酬为目的，以自身知识、技能、体能等，自愿帮助他人和服务社会的个人”。[2]

这一定义中的志愿服务符合上述公益活动定义中的民间性、自愿性、非营利性和追求社会价值等基本特征，并且志愿服务行为也是公益行为，所以志愿服务活动也是公益活动或者说是归属于公益活动。如果说志愿服务和公益活动有区别的话，那么区别首先体现在名称上。顾名思义，志愿服务强调服务的“志愿性”，或者说，志愿性就是志愿服务的本质特征。志愿性也就是自愿性。所谓志愿性，就是指“基于自己的自由意志，自主服务于他人和社会的利益”[3]。同样，公益活动更为强调的是活动的“公益”性质，即强调公益活动作为“公益”的价值特征和目的属性。上述对公益活动的定义中认定自愿性也是公益活动的基本特征之一，但实际上，自愿性在公益活动中的地位并不凸显，自愿性不是公益活动的本质特征甚至必要特征，甚至可以说自愿性是公益活动的一个弱特征。有些单位组织的公益活动，它的自愿性可能没有具体到每个人，但是这并不会改变这些活动作为公益活动的性质。

另外，志愿活动不但强调志愿服务行为背后服务者的心理特性，而且也往往强调志愿者是归属于某种志愿组织来参与服务活动的，这就是说服务者承担了“志愿者”的社会角色和社会身份，我们常常看到参加

[1] 张志红：《公益教育的概念、内涵与特点》，《中国校外教育》2013 年第 8 期。
[2] 王士恒：《志愿服务的内涵、功能与模式简评》，《江南社会学院学报》2011 年第 3 期。
[3] 肖金明、龙晓杰：《志愿服务立法基本概念分析——侧重于志愿服务、志愿者与志愿服务组织概念界定》，《浙江学刊》2011 年第 4 期。

志愿服务的服务者会佩戴有“志愿者”的某种标签，即是明证。在高校中，志愿者往往会从属于某种志愿服务协会。相较而言，在中小学这类组织较为稀少。因此，为了更好地组织志愿者活动，有条件的中小学可以考虑成立志愿者协会等类似的组织。

（3）勤工俭学

勤工俭学是一个本土概念，其最早出现于1915年。“1915年，李广安、张秀波、齐云卿等人，在蔡元培、吴玉章、李石曾的支持下，把‘俭学’和‘以工兼学’二者结合起来，‘按实定名’，正式提出‘勤工俭学’这一概念。”[1]

宽泛意义上讲的勤工俭学的主体可以是个人，也可以是团体，例如学校。学校开办校办企业，就属于勤工俭学的范畴。在综合实践活动范畴内谈论勤工俭学，当然指的是学生的勤工俭学活动。

在20世纪八九十年代，勤工俭学是一种比较常规的实践活动，但进入21世纪以来，在中小学勤工俭学已经日渐式微。今天把勤工俭学重新提起并将其归属于综合实践活动课程的社会服务活动之列，显得有些突兀。志愿服务和公益活动具有典型的利他特征，它们都属于公益性社会服务的范畴。志愿服务和公益活动都不是经济行为，即这些活动不带有经济目的，但勤工俭学在性质上却是一种教育经济行为。那么如何来论证勤工俭学被归置于社会服务范畴的合理性呢？把勤工俭学放在“社会服务”的范畴内来谈，则勤工俭学就要体现社会服务的性质和意义。

实际上，虽然勤工俭学被定性为一种教育经济行为，但在中小学以学生为主体开展的勤工俭学活动却比较特殊。在1983年出台的《中小学勤工俭学暂行工作条例》中，“组织学生参加生产劳动或公益劳动”是学校以学生为主体开展勤工俭学的主要形式。学生参与这些勤工俭学活动对学生来说往往算不得是一种经济行为，更多是一种义务劳动，勤工俭学所获得的成果，往往是上交给班级，供班级或学校日常使用。从这个

[1] 张云鹏:《勤工俭学的演变及其概念界定》,《辽宁师范大学学报（社科版）》1990年第1期。

意义上来说，它是服务性的，不是经济性的；即使学生最终能享受到勤工俭学所产生的经济效益，但这种经济效益是间接性的。总而言之，在中小学开展勤工俭学活动，对学生来说并不是获得经济利益，其参加勤工俭学的过程，是一种接受教育的过程。

4. 社会服务的“劳动”性质和劳动教育价值

在《指导纲要》对社会服务的定义中，强调社会服务是学生以“自己的劳动”实施的。这说明，社会服务也可以被理解为是劳动教育的一种重要途径，“劳动”构成了社会服务的一种基本特征，社会服务活动在本质上是一种劳动。

强调社会服务活动的“劳动”性质也可以帮助我们更好地厘清社会服务的外延，例如，应学校号召的学生个人捐钱捐物行为，带有服务他人的强烈道德动机，但它本质上属于慈善行为而不属于社会服务活动，因为它用的是提供钱物的方式而不是提供劳动的方式。

志愿服务和公益活动都是一种劳动，勤工俭学更是具有劳动教育的性质。从形式上来说，学生的勤工俭学是以参与生产劳动或公益劳动的形式开展的；从功能上来说，勤工俭学是“以获得或改善教育条件或者追求教育与生产劳动相结合的教育效果为目的而进行的经济活动”[1]。也就是说，勤工俭学活动是放在教育与生产劳动相结合这一教育方针下来看待的，它是实现教育与生产劳动相结合的一种重要途径。“工”就是做工，就是劳动，“工”和“学”的结合就是要展现劳动对于教育的意义和效果。

[1] 张云鹏:《勤工俭学的演变及其概念界定》,《辽宁师范大学学报(社科版)》1990年第1期。

第二章

社会服务的意义

社会服务在综合实践活动课程中被定性为一种活动方式，不过，社会服务作为一种精神和价值观具有全球普适性和历史性，并寄居和绵延在我们民族深厚的社会伦理传统之中，参与调整着社会关系、个人和社会的关系以及建构个人的人生目的观。在综合实践活动课程中，作为活动方式存在的社会服务本质上是一种道德实践。现代德育以反思说教式德育和倡导回归生活为基本特征，社会服务是德育回归生活的有效途径和推动德育方法变革的有力抓手，是公民教育的实践载体。吸收了“服务学习”理念的社会服务还具有连接学习和拓展学习的意义，它可以连接学校课程学习。另外，它提供了认知社会、了解公共事务、学习社交技能、学习新的解决问题的知识和技能等的机会。

社会服务在新的综合实践活动课程架构中的地位得到进一步提升，这必然意味着社会服务的意义得到进一步的重视。在第一章有关社会服务内涵的讨论中，已经涉及了对社会服务的意义的讨论，本章进一步做扩展性的讨论。

一、社会服务是一种具有全球普适性的社会价值观

本书中谈论的社会服务，是作为一种实践活动类型的社会服务，但是社会服务也是一种在历史中绵延并具有全球普适性的社会价值观。从古至今，社会服务都作为一种价值观参与调整着社会关系、个人和社会的关系以及建构个人的人生目的观。从这个意义上来说，社会服务有悠久的起源，它体现在许许多多关于社会服务的思想和实践中，也鲜活地体现在历史上许许多多社会服务楷模人物的事迹和故事之中，直至到了近代，社会服务开始作为一种专门的社会活动被加以倡导、研究、实践，尤其是制度化实践。

社会服务作为一种价值观和文化精神绵延在中华文明的发展历程之中。虽然社会服务的概念来自西方，但社会服务的精神却寄于我们民族深厚的社会伦理传统之中。从中国文化传统来看，虽然在古汉语中没有社会服务的概念，但是社会服务的意义却不断地在对社会与个人之间关系的阐释中得到强调。例如，“仁”在中国传统伦理文化中是作为最高的道德标准被提出来的。二人为仁，从字形上来看，“仁”这个字就体现了对人与人之间、人和社会之间关系的关注和思考。确实，仁的本义就是

人应该具有爱心、人与人之间应相互关爱的意思，而在儒家思想中，仁作为一个最高的道德原则，其基本含义就是为群体利益着想，不专谋一己之私利。仁的这种内涵，不就是社会服务精神的要义所在吗？！在儒家的伦理思想中，依据仁这一最高道德标准，把人分为“君子”和“小人”。所谓“君子”，就是携仁同行，不专谋一己之私利，能够为群体利益着想的人。所谓“小人”则恰恰相反，其所做所思仅从个人利益出发，不把其放在群体利益的高度和人与人的关系中加以思考。

社会服务的意义也不断地在人生目的和意义的谈论中得到强调。人生的意义，究竟何在？这是一个人生哲学大问题，也是人类思想史的一个基本问题。纵览思想史，可以说，社会服务的人生观占据主流。“君子”作为一种理想的人格标准在中国传统文化中被高高托起，在这种标准下所倡导的人生价值和意义，用现代的话来说，就是关爱社会、服务他人。中国历史上无数的仁人志士，都是以这样的标准确立自己的人生价值观，他们扶危济困的所作所为，都可被视为社会服务的楷模。到了近代，孙中山先生更把人生的价值和意义定位于“服务”，他的“人生以服务为目的”的名言与古代之“仁”的道德原则是融会贯通的。孙中山所宣扬的“人生以服务为目的”的人生观曾是指导民国学校开展社会服务的思想基础，他的这句名言也成为今天激励许多投身于社会服务活动的人的座右铭。我们今天所讲的“为人民服务”的思想，作为社会主义社会的最高道德准则，与古代之“仁”的理念和孙中山先生的“人生以服务为目的”的思想也是融会贯通的。

实际上，社会服务作为一种精神不只存在于中国的历史文化之中，它的普适性是跨越中西的。在古代西方，例如在柏拉图那里，所谓智者或有智慧的人，在道德上的标准就是能够认识和服务于社会整体的利益以及社会每一个个人利益的人，只有这样的人，才能充分地获得自我实现，才具有管理或参与管理国家的资格。

二、社会服务对道德教育的意义

既然社会服务作为一种社会价值观和人生目的观在不同的文化和历史中都占有如此重要的地位，那么它就必须作为道德教育的内容被吸收到学校教育之中去。社会服务这个概念本身就会吸引人们从道德角度予以关注，确实，社会服务的核心意义就是它的伦理性意义。因此，社会服务出现在教育中，出现在综合实践活动课程之中，其必要性首先要通过其对道德教育的积极作用加以证明。

（一）社会服务活动是德育变革的有力抓手

曾经有位专家在一次报告中提到了她儿子的两个事例。其中一个事例是，她的儿子在想到美国就读高中，但按照所申请的美国高中的要求，学生申请入学的资格条件之一是需要有从事社会服务工作的经历，于是她儿子参加了某社区组织的义工活动。作为妈妈，这位专家对儿子的叛逆、不听说教和虚无主义的人生态度一直十分头疼。但义工活动结束之后，让这位专家十分惊讶的是，儿子竟对她说："妈妈，我发现帮助别人是很快乐的一件事呢！"另一则事例是，有一次，她的儿子参加了由某位社会名人组织的赴西部某地区的志愿活动。活动结束回来后的某一天，专家看他的拖鞋坏掉了，就提议去给他买双新的。在商场里妈妈看中了一双，价格不到300元，于是她决定买下来，但儿子突然说："妈妈，鞋太贵了！"她感到奇怪："价格还好嘛！"儿子回答说："在西部有些地方，300元可能是一家人一个月的生活费。"儿子的回答让她十分感慨，因为儿子之前对节俭几乎毫无概念，曾经看中一双运动鞋，即使标价一千五百多元，也毫不犹豫地开口让妈妈买下来，虽父母苦口婆心劝说孩子生活上不能过于攀比和高消费，但孩子充耳不闻。

上面提到的这两个案例，连接着该专家所谈论的一个话题，即说教式的道德教育的无力和实践体验式教育的力量。在人们的印象中，我国的德育，往往是与说教联系在一起的。无论教师还是家长，都会感叹德育的苍白和无效，但人们却在深入理解德育的本质和探索德育的方法上面缺乏积极性和创造性，而是习惯性地运用说教的方式。说教是一种最省力的方式，但往往也是最无力的方式，上述专家的亲身经历有力地证明了这一点。

基于对说教式德育的反思，追求德育回归生活或者说倡导生活德育就是现代德育改革的主要趋势。上述专家所列举的两个案例中，义工活动或志愿活动都属于社会服务活动的范畴，它说明社会服务活动是德育回归生活的有效途径和推动德育方法变革的有力抓手。在这两个例子中，正是在具体的社会服务活动中，孩子的生命自觉被唤醒。德育是直面生命本身的。如果说德育与知识技能教育不同的话，那么不同点主要就在于，有效的德育往往是以唤醒生命自觉为标准和目的的。通过两次参与社会服务活动，孩子实际上经历了两次生命和生活意识变化的过程。从这个角度来说，可以把这两个事件解读为这个孩子经历的两次人生哲学性事件，生命意识就在经历这样一次次的哲学性事件中变得更为深刻、完整和充盈。认识到“帮助人是很快乐的事”，就是把生命的认知提升到了一个新高度或境界。或许平常我们会认为，奉献就是意味着牺牲自我，但在这种新的认识中，奉献被解释为是一种收获，还有什么比收获快乐更快乐的事情呢？！正是这种快乐的力量让社会服务所蕴含的奉献精神成为打开人的冰冷的心扉的一把钥匙。“帮助人是很快乐的事”这种认识，不是由说教而来，而是由在社会服务过程中的体验而来，因此它具有指导人生的重大力量。获得这种认识，就是获得了重新引导其认识自我和认识社会的哲理。

我们给予学生从事社会服务的机会，可以理解为给予学生经历哲学性事件的契机。正是在这样的哲学事件中，人生进入一种感悟意义和开启思考的时刻，或者说，对生命意义的思考开始闯入他的人生。

很可惜，上述专家所列举的两次社会服务活动的例子，都不是由学校组织的，而是由校外力量组织的。难道学校会甘于把最有效的道德教育手段置于校外，任凭自己在校内感叹德育的无效和无力？社会服务活动必须作为一种途径被吸收到学校德育结构中，成为推动德育变革的重要力量。

（二）社会服务活动是公民教育的实践载体

关于社会服务的研究讨论，往往是与公民教育这个主题联系起来的；作为一种活动形式的社会服务，往往被视为实施公民教育的实践载体。因此，接下来我们从公民教育的角度谈谈社会服务的道德意义。

一个健全社会的运转和发展高度依赖于其公民的素养，或者说，公民的素养往往映射了一个国家和社会的文明状况。没有人天生就是一个好公民，公民是养成的，这个过程要从小开始，因此公民教育的重要性就毫无疑问了，重视公民教育是各国教育政策的共同特征。公民教育这个概念在我国的教育话语中是长期缺失或边缘化的，重视公民教育主要是进入 21 世纪以后的事。

公民教育的目标就是培养合格的公民。所谓“公民”，首先是一个法律概念，它指的是具有一国国籍，并依据该国的法律规定享有权利和承担义务的人。这意味着公民教育不同于一般的道德教育。在公民教育中，权利和义务概念介入其中是一个突出的特征。从道德教育的角度来说，公民教育的核心就是培养公民道德。一个人具有公民道德，就是能够具有作为公民的权利和义务意识，并在此基础上思考自己所应具有并积极履行的道德。

一般来说，道德更多是与“义务”概念联系在一起的，所以从公民道德培养的角度来说进行公民教育，侧重点在于强调培养公民在与权利的联系中承担道德义务的意识和能力。公民道德的核心内容就是具有公共关怀意识，积极参与公共事务，并在这个过程中善尽自己的义务。一个合格的公民，会用自己的行动积极地回应这样的一个核心问题：这个世界会更好吗？在这个意义上，我们可以把公民与中国古代的“君子”概念联系在一起，公民即君子，它不专谋一己之私，能够关心公共利益并积极参与到公共服务中去。与君子相反的概念是小人，小人就是自私的人，自私是社会责任感的对立面，自私就是一个人或组织斤斤计较于个人利益和眼前得失，只顾着个人、家庭或组织自身的利益，而不考虑对社会的责任和作为，甚至有意识地破坏社会利益。例如一个工厂可能会把工业污水偷偷地排入河流湖泊之中，而不顾群众饮水安全和生态利益。

自私以及对他人或公共事务的冷漠会在根本上妨碍我们成长为一个合格的公民。多年前发生在广州佛山的小悦悦事件就在很大程度上真实反映了我们这个社会公民素养的普遍状况。2011 年 10 月 13 日下午五点半，在广州佛山的一条巷子里，一个 2 岁的女童相继被两车碾压，先后有 18 名路人经过，但七分钟内，都视而不见，漠然而去，也无人报警，最终把小悦悦抱到路边的是第 19 名路人，一位拾荒阿姨。小悦悦事件拷问着我们每个人的公德意识，冷漠可以找到各种借口，但冷漠及冷漠造成的后果却是客观事实，它提醒我们，对我们社会的公民素质现状，要抱有清醒现实的认知。

对他人他事的冷漠意味着责任感、担当意识和主人翁意识的缺乏，看到问题和事件的发生认为事不关己从而视而不见、绕道而行的人，因为丧失了责任感和担当意识，就不是一个负责任的公民。

公民教育的核心就是矫正这种冷漠以及冷漠背后的责任感和担当意识的缺失。不能说说教是无用的，但是说教往往不是鲜活的，尤其对一些人来说，说教很难暖化他们冷漠的心。和说教相对的就是实践育人，而社会服务就是培养学生公民素质的最佳实践平台或载体，因为社会服务以要求人具有责任意识和担当能力为基础，并且社会服务的过程会进一步催生和滋养责任感和担当意识的茁壮成长。社会服务就是要培养公民对他人他事的关心，它承担着一种功能，一种精神治疗的功能。它治疗的是这个世界的冷漠和凉薄，治疗的是人的过分的利己主义态度和功利主义观念，深化一个人对公民的权利和义务的认知和感受并为做一个合格的公民做好准备。我们日常生活中或多或少都会有社会服务的观察和体验，有时候我们会在某个场地看到佩戴志愿者标志的人忙碌的身影，有时候我们直接就是社会服务的接受者或享受者，甚至有时候我们就是社会服务的提供者或给予者。无论我们是以观察者、接受者还是参与者接触社会服务，我们都会感觉到，从事社会服务的人都是人们可以寻求帮助的人，都是可以帮助人们解决问题的人，都是可以给人们提供方便的人。总之，他们都是可以信赖的人，都是可以走近亲近的人。他们温暖的笑容和言语是这种可信赖性和可亲近性的身体符号标志。

作为一种社会价值观，恐怕没有多少人会否认社会服务的价值，但是，如果有人请我们回忆自己的受教育过程中是否有参与社会服务的经历，那么许多人的记忆可能是苍白的。这意味着，即使我们认同“社会服务”的伦理价值，我们作为一个“服务者”存在于这个世界上的人格形象也是不鲜明的。同时，它也意味着，社会服务并没有作为一种重要的教育方式存在于学校教育的构成之中。把社会服务纳入综合实践活动课程之中，就是正式开启了公民教育的实践育人之道。通过这样的措施，希望每个人从小开始接触和从事社会服务，从小开始学会成为一名志愿者或如志愿者一样的人，即每个人都是以温暖的笑容和言语为他人解决问题和提供帮助的人；通过这个过程，每个人从小开始把关心和帮助他人养成为一种内心的习惯，这种习惯会延伸到我们的人生中去。例如从工作上来说，我们可能会做有关社会服务的专门工作，可能更愿意用社会服务的视角来理解我们的职业，或者更愿意把我们的工作和社会服务连接起来，让我们的职业衍生出社会服务的功能。

传统上，学校和社会的隔离让学生对社会有一层隔阂。学校这一制度化的结构人为地让人们形成了这样一种观念，即学生是不成熟的人或有待于成熟的人，他们无须也不能承担某种社会责任，他们不是社会问题的解决者。社会中有哪些生产生活的类型和样式？有哪些真实存在的问题？成人是如何看待和解决这些问题的？成年人是如何真实地生活、工作、思想和交往的？曾经，这些东西是远离学生生活的，在它们身上隔着一层面纱。对社会生活和成人生活的这些范畴和内容，学生渴望了解但又无从了解，渴望参与但又无从参与。现在，通过参与社会服务活动，学生收获了参与社会生活的信心和经验。作为他们的自我意识发展的一部分，他们认识到，他们可以以一个问题解决者、行动者和创造者的身份和角色做一个社会的洞察者、积极参与者和建设者。

三、社会服务对知识技能教育的意义

得到充分实施的社会服务活动的意义还不止于道德教育和道德学习，因为在社会服务活动过程中会有意识地联系学校所学的知识和技能的运用，所以在综合实践活动课程与学科课程相联系的视域下，它具有促进学术性知识学习的意义，它能够给知识技能的学习带来丰厚的回报。社会服务活动要获得重视和持续的生命力，就必须凸显和拓展它在这方面的意义。社会服务对知识技能教育的意义，主要就是可纠学校传统教学和学习封闭之弊，为学校知识技能教学提供多维的空间。

在学校中开展社会服务，吸收服务学习的理念，就要把追求社会服务与各学科教学的联系作为学校社会服务的题中之义，通过这种联系，要达到促进课程学习的功能。在此，我们首先通过一个案例[1]来直观地感受社会服务和课业学习的联系。

> 我在缅因州乡间一家很小的学校任教。一天早上，一名七年级学生带来一篇新闻报道。
>
> “那是我住的街道，”她指着照片说，“看到那棵树了吗？在两幢房子开外的地方。”“那棵树怎么啦？”另外一个学生问她。“荷兰榆树病。”
>
> 当时，我们班上没有人熟悉这个词，但是到这天结束时，我们全

[1] 凯瑟琳·伯杰·科:《服务学习指导大全》，益公益交流中心译，商务印书馆，2016，第1页。

都学到了很多关于威胁着我们社区雄伟榆树的这种植物病。学生希望参与进来，做点儿什么。很快，他们打电话给国家和地方农业部门并访问了当地大学的一个科学系。不到一周，他们得到了评估榆树的培训。他们拿着笔记板，从这条街走到那条街，诊断和记录每棵榆树的情况。

霎时间，我们初中和高中学生的课业学习变得生动起来。植物细胞的学习有了新的意义。在数学课上，保存记录的方法，统计学以及百分比得到了前所未有的重视。学生在日记和故事里叙述了自己的兴奋、沮丧以及其他学生和老师的反馈。他们工作的高潮是学生向国家机关提交了他们的发现，并在大学课堂上做了总结报告。

当然，学生并未能拯救每一棵树，但他们确实帮助保护了很多榆树。在这个过程中，他们学习和运用了科学的记录方法，认识了政府人员的职责，和大学生建立了伙伴关系，因为有了目标，我们的学生骄傲地以一个社会实践家的姿态轻松自如地谈论公共责任。

这个案例鲜活地展现了社会服务活动是如何带动知识学习的。在这个服务案例中，服务过程变成了一个高度理智投入的学习活动，它和课业学习紧紧联系在了一起。概而言之，这个案例所凸显出的课业学习的意义有：它涉及了数学、科学等多方面的学科知识，服务过程产生了运用这些学科知识的需要。由此，学生会真实地意识和感受到学校学科学习的重要性，进而会提高他们进行学校学习的动机，这是社会服务活动对学习所具有的反哺意义；这些学科知识是以有意义的方式即作为解决问题的工具被运用的，它们变得鲜活而生动，并且解决问题和开展服务的需要推动把这些知识整合起来。也就是说，通过这个过程，实现了各学科间的课程整合功能。

学科知识和技能的教学，很多时候是需要让学生产生感性反应作为支持的，但是传统的教学和学习方式因为失去了和实践的联系而不支持产生感性反应的机会，从而让这些学习失去了生机和活力，同时，很多情况下是因为缺乏这种联系而让学生失去了学习这些知识和技能的动力。社会服务活动可以为改变这种状况做出贡献，可以让社会服务活动在一定程度上承担起传授特定的知识和技能的目的。反过来说，和实践的联系会让学科知识和技能的学习变得有生机和活力。就此而言，社会服务具有作为教学法的性质和作用。

在传统的知识和技能学习中，普遍存在着理智倦怠和疲惫的状况，多数情况下是因为这些学习得不到真实问题的有效刺激或者所面对的问题缺少意义的加持。社会服务活动的精妙之处在于，在其中面对的问题是真实的，服务活动所产生的效果是切实有效的，这种问题的真实性和行动的有效性会极大地激发学生的理智努力和投入。服务学习会让学生鲜明地感受到，某个问题是借助于某种知识解决的，某个问题未曾得到解决是因为缺少了对某种知识的掌握，或者说某个问题的解决进一步加深了对某种知识的理解，等等。

社会服务不只是嘘寒问暖，最深刻的服务是把他人、社会和这个世界的问题放在心里，并提供解决问题的方案，而这就需要知识和技能的介入和运用。知识和技能被用来解决社会问题，它就具有支撑和开拓社会价值的贡献。一个人运用自己的知识和技能解决社会问题，这种知识和技能就具有了道德属性，这种运用过程就变成了一个道德事件。从培养学生核心素养的角度来说，一个人的知识和技能被转化为品性，就是核心素养的理想形象和样态。

此外，社会服务对学习的拓展意义还表现在它提供了传统学校教育难以提供的学习新的知识技能的机会。社会服务的过程，就是学生学习认知社会、了解公共事务、学习社交技能、学习新的解决问题的知识和技能等的过程。通常，学校里存在着忽视或轻视这类学习的态度，也缺乏推进这类学习的有效方式。举例来说，如果把水资源保护作为环境保护主题的一个部分，可以基于化学课、生物课等科目的学习，提出和使用一套水质监测方法，或者这套水质监测方法可以请相关的专业机构来教授使用。同样地，如果把土壤保护作为环境保护主题的一个部分，学生可以学习和使用一套土壤监测方法，在具体的监测过程中，他们收集样本，按照科学的监测方法进行监测，收集和分析数据。这是一种极有价值的学习内容，但是通常这套方法是不会在学校里专门教授的。也就是说，在传统的学科教学中，这些科学技能是很难得到培养的机会的。然而，社会服务活动却可为这种科学知识和技能的培养创造机会和条件，学生从中学习的方法、技能可以广泛地迁移到当下和未来的工作与生活之中。

第三章

社会服务的课程目标

讨论社会服务的课程目标，也就是讨论社会服务所指向的教育目的及所承担的具体任务。社会服务作为综合实践活动课程的重要组成部分，它服务于综合实践活动课程的课程目标。综合实践活动课程的课程目标指向实现“培养学生综合素质”这一课程价值，而价值体认、责任担当、问题解决、创意物化这四个方面的意识和能力就是综合素质的具体化和主要内容。社会服务所承担的主要任务是培养学生“成为履职尽责、敢于担当的人”，这一任务在综合实践活动课程目标中主要是对应着“责任担当”这一核心素养的。“责任担当”在各个学段的具体目标陈述可以置换解读为社会服务的相应学段目标。

在讨论完社会服务的内涵和意义的基础上，需要接下来解读和分析社会服务的课程目标。课程不是随意设定、设计和实施的，它是指向或服务于实现某种教育价值观或教育目的的。设置某门课程，必然意味着要借助这门课程的功能实现某种教育目的。课程目标就是教育价值观或教育目的在某门课程里的具体化。课程目标的制定要展现一门课程相对于实现某种教育目的或意图而言它所具有的价值，陈述它所承担的任务，并把这些任务用指标或标准罗列出来。本章集中讨论社会服务的课程目标，也就是讨论社会服务所指向的教育目的及所承担的具体任务。不过，在谈论社会服务的课程目标之前，需先讨论一下综合实践活动作为一门课程的课程目标。

一、综合实践活动的课程目标分析

《指导纲要》明确规定了综合实践活动课程的总目标和学段目标。接下来，我们主要针对总目标做一些分析和解释。

（一）综合实践活动课程的基本课程价值取向

《指导纲要》里关于综合实践活动的定义中就明确规定它是“培养学生综合素质”的跨学科实践课程。可以说，“培养学生综合素质”就是综合实践活动课程的基本课程价值取向。这一课程价值取向在《指导纲要》的“基本理念”部分得到了进一步的确认：“课程目标以培养学生综合素质为导向”。具体来说，就是“学生综合运用各学科知识，认识、分析和解决现实问题，提升综合素质，着力发展核心素养，特别是社会责任感、创新精神和实践能力，以适应快速变化的社会生活、职业世界和个人自主发展的需要，迎接信息时代和知识社会的挑战”。

“综合素质”是一个非常具有概括性的概念。对于什么是综合素质，当前并没有什么很明确的说法，但人们总体上把它理解为综合性地存在于生活和职业要求中的素质，它们内在于一个人的道德世界、情感世界、知识和能力之中，它们大多很难以像传授知识那样的方式被明确地传递，也很难以明确的、量化的方式被评价，但它们又实实在在地存在于一个人的品质和能力结构中。

从时间上来看，对培养学生综合素质的重视以及关注学生综合素质评价问题，主要受21世纪以来基础教育改革的推动。在2002年12月教育部发布的《关于积极推进中小学评价与考试制度改革的通知》中，以评价为需求设定了学生综合素质的范畴（基础性发展目标）包括六个维度，分别是道德品质、公民素养、学习能力、交流与合作能力、运动与健康、审美与表现。今天的社会和教育对培养学生综合素质越来越重视，因为培养学生综合素质是全面发展教育的内在要求，也是新时期全面深化考试评价改革即中考、高考改革的时代要求。综合素质评价维度确定之后，综合素质评价开始逐渐在升学和招生中发挥作用。2008年颁布的《教育部关于普通高中新课程省份深化高校招生考试改革的指导意见》中就明确指出，高中学生综合素质评价的结果要作为高校招生选拔的重要参考依据；2014年12月，为贯彻《国务院关于深化考试招生制度改革的实施意见》，教育部颁布了《关于加强和改进普通高中学生综合素质评价的意见》，意见认为，学生综合素质评价是深入推进素质教育的一项重要制度，综合素质评价要为高校招生录取提供重要参考，并对综合素质评价的内容做了新的规定，新内容包括思想品德、学业水平、身心健康、艺术素养、社会实践。

在现行的课程结构中，由于学科课程是以知识为中心来加以组织和实施的，所以它在培养学生综合素质方面具有相当的局限性，因此，在教育部的基础教育改革整体设计中，综合实践活动课程作为培养学生综合素质的重要载体被寄予厚望。从某种意义上甚至可以说，综合实践活动课程是为培养学生综合素质量身打造的课程。相较于学科课程来说，它以其自身的独特性，为培养学生综合素质开拓出一片新的课程空间。

（二）综合实践活动的课程总目标

综合实践活动的课程目标就是指向实现“培养学生综合素质”这种课程价值的，也就是说它的叙述或书写要落实和体现这种教育价值。

课程目标一般分为总目标和阶段目标。以培养学生综合素质为导向，综合实践活动课程的总目标在《指导纲要》中被书写为：“学生能从个体生活、社会生活及与大自然的接触中获得丰富的实践经验，形成并逐步提升对自然、社会和自我之内在联系的整体认识，具有价值体认、责任担当、问题解决、创意物化等方面的意识和能力。”

在这一目标陈述中，“学生能从个体生活、社会生活以及与大自然的接触中获得丰富的实践经验，形成并逐步提升对自然、社会和自我之内在联系的整体认识”这一部分陈述大家并不陌生，在之前的综合实践活动课程研究中已有广泛的讨论。要而言之，强调回归生活世界取向，它确定了生活的三个维度，即个体生活、社会生活及与大自然接触所构成的生活，综合实践活动课程就是要培养能够在广阔的生活世界中行动并获得鲜活经验的人。生活是一种权利。尊重儿童生活的权利，让学生在学校里可以合法地过自己的生活是综合实践活动课程的题中之义；生活是一个中心，在综合实践活动课程的范畴内，主要通过这个中心，实现着综合实践活动课程对“综合”的追求，即通过它沟通起知识间的联系、书本知识和直接经验的联系、校内和校外的联系、个体与社会的联系、儿童和成人的联系等；生活是一种源泉，是丰富教育资源的源泉，是激发问题意识和探究欲望的源泉，是发现和确认学习意义的源泉。

在课程总目标的陈述中，最具有创新性的部分是价值体认、责任担当、问题解决、创意物化这四个概念或提法。对于一般人来说，综合素质这个概念还是过于抽象了，它需要进一步具体化。可以把价值体认、责任担当、问题解决、创意物化这四个方面的意识和能力视为综合素质的具体化。当然，综合素质的范畴要大于这四种意识和能力，但它们是综合实践活动课程所要重点指向的综合素质。

《指导纲要》在强调“课程目标以培养学生综合素质为导向”时具体提到要“提升综合素质，着力发展核心素养，特别是社会责任感、创新精神和实践能力”。从这句话中可以推论出，社会责任感、创新精神和实践能力是综合实践活动课程要着力发展的核心素养。很明显，价值体认、责任担当、问题解决、创意物化这四个方面的意识和能力是与社会责任感、创新精神和实践能力这三种核心素养相对应的。因此，从逻辑上来说，这四个方面的意识和能力就是社会责任感、创新精神和实践能力这三种核心素养的另一种表述。也就是说，这四个方面的意识和能力就是四大核心素养。社会责任感、创新精神和实践能力这三种核心素养与价值体认、责任担当、问题解决、创意物化这四种核心素养是可以相互置换、相互解释的，它们只是表述不同而已。

当前基础教育改革是重点围绕着“核心素养”这一概念进行设计的。核心素养包括“学科核心素养”，目前各门学科的课程标准中都已构建了属于本学科的学科核心素养，例如语文学科的核心素养是语言建构与运用、思维发展与提升、审美鉴赏与创造、文化传承与理解，物理学科的学科核心素养是物理观念、科学思维、科学探究、科学态度与责任。综合实践活动课程不属于学科课程，因此也就无所谓有“学科核心素养”，但这并非意味着综合实践活动课程不担负着培养和发展学生核心素养的功能和责任。核心素养不只是指学科核心素养，它还包括跨学科核心素养和其他一般的核心素养，价值体认、责任担当、问题解决、创意物化这四种核心素养就是综合实践活动课程所要培养的核心素养，它们在性质上属于跨学科核心素养和一般的核心素养。

提出这四种核心素养的基本依据是“立德树人”的教育宗旨及知识

时代与信息化社会对人才素质提出的要求。

2012 年，党的十八大明确提出“把立德树人作为教育的根本任务”，从此，“立德树人”就成为我国教育改革中最为核心的词语。党的十八大之后，习近平总书记在不同的场合多次强调立德树人的核心重要性。2017 年，党的十九大再次明确要“落实立德树人根本任务”。在 2018 年的全国教育大会上，习近平总书记进一步提出了要落实立德树人的要求，并强调立德树人作为一个目标，“学科体系、教学体系、教材体系、管理体系要围绕这个目标来设计，教师要围绕这个目标来教，学生要围绕这个目标来学”。事实上，“立德树人”已上升到教育目的的范畴，它的提出强化了教育发展的育人取向。新的综合实践活动课程设计把落实立德树人的要求作为指导思想，如果非要找一种对应关系的话，落实立德树人的任务在综合实践活动课程中更多是由价值体认和责任担当体现。问题解决能力和创意物化能力是能够立足于信息化社会和知识经济时代的关键素养。学科课程在培养这四种核心素养上力有不逮，因为这四种核心素养的培养高度依赖实践和经验的教学和学习样态，相对而言，综合实践活动课程作为实践课程在培养这些核心素养上有天然的优势，因此，它是培养这些核心素养的基本载体。

很明显，综合实践活动的课程目标设计主要是围绕着这四大核心素养来思考的。除了课程总目标外，《指导纲要》还制定了学段目标，各个学段的具体目标都是基于这四大目标制定的，或者说是这四大目标的具体展开。

《指导纲要》中并没有对这四种核心素养做出概括性的定义，它们的内涵隐含在学段目标的陈述之中。要而言之，从学段目标中可以概括出：“价值体认”指的是对爱国主义价值观、集体主义价值观、公民价值观、爱国爱党价值观、热爱中国文化的价值观等的体验性认知。“体认”是一种新颖的说法，顾名思义，它强调的是通过亲身观察和体验去认知；“责任担当”中的“责任”即“社会责任”的简称，“责任担当”就是社会责任感和社会责任能力的统一。"问题解决"就是用以研究为基本特征的理智的态度和方式对待生活和处理问题的能力。"创意物化"就是以智造为基本特征的发明创造的能力。

二、社会服务的课程目标分析

《指导纲要》并没有分门别类谈论四大活动方式包括社会服务的课程目标，而只是陈述了综合实践活动课程作为一门课程的总目标和学段目标，这意味着，"社会服务的课程目标"并不是一个法定的或正式的说法，那么该怎么谈论社会服务的课程目标呢？在这里，需要做一点辨析工作。在《指导纲要》的"课程内容与活动方式"部分开头提到"学校和教师要根据综合实践活动课程的目标，并基于学生发展的实际需求，设计活动主题和具体内容，并选择相应的活动方式"，如果社会服务仅仅是活动主题和具体内容设计之后供选择的活动方式，则实际上活动方式如同教学方式或学习方式一样，是无所谓有课程目标的。但实际上的情况是，人们在设计活动主题和具体内容时，往往对号入座，首先是心存了这四种活动方式，然后着眼于某种活动方式设计活动主题和具体内容。从这个意义上来说，每种活动方式本质上又是综合实践活动课程的具体内容构成，即围绕着每种活动方式构成了综合实践活动课程的一个内容板块。而作为内容板块，是可以谈论课程目标的，但它是分有综合实践活动的课程目标，谈论社会服务的课程目标就是谈论社会服务活动以其独特的功能承担的综合实践活动的课程目标的一部分。因此，社会服务的课程目标，需要从综合实践活动的课程目标陈述中概括分析出来。

（一）社会服务的课程总目标

我们也把社会服务的课程目标分为总目标和学段目标分别来谈。在总目标中，我们又可分为核心目标与其他目标。

1. 核心目标

实际上，在社会服务的定义中，已经明确提到社会服务所承担的主要任务，即培养学生“成为履职尽责、敢于担当的人”，这也就是社会服务自身所要实现的主要课程价值和教育目的。

很显然，从字面上就可以看出，这一任务在综合实践活动课程目标中是对应着“责任担当”这一核心素养的。也就是说，社会服务在综合实践活动课程的总体目标中，主要承担着实现发展学生“责任担当”核心素养的任务和功能。或者说，社会服务的课程总目标中的核心目标就是培养学生的责任担当意识和能力。这一课程目标在学段目标的表述中就更清晰了，在学段目标的陈述中，“服务”一词总是出现在“责任担当”这一核心素养的相关陈述和解释之中。

在综合实践活动课程中，“责任担当”这一核心素养的培养主要是对应着社会责任感的。所谓“责任”，即一个人或组织对社会所负的责任。是否有社会责任意识和能力是评判一个社会及其国民文明程度的基本尺度。

有社会责任感就是把自己放置在社会关系之中，内心或道德意识里拥有对这个社会及社会中的他人的伦理关怀和义务，从而对社会以及社会中的他人负起某种责任。没有对社会的关心就不会有社会责任感的形成，培养社会责任感的核心就是发展学生对社会的关心和关怀意识。社会责任感是一个伦理学概念、一个道德概念，在国家层面把社会责任感作为一个教育目标确立下来，意味着其道德教育的意义在新的时代再次得到确认。

社会责任感作为一种道德意识实在是人类社会的基础。我们要建设和谐社会，基础就在于发展人的社会责任感，至少从底线上来说，具有社会责任感的人不会做危害社会的事。纵观历史，在那些推动人类文明进步的伟大人物中，社会责任感是他们身上拥有的最大道德品质，也是推动他们立功建业的最主要的动力。

社会责任感属于世界观的范畴。我们每个人从诞生那天起，就和这个世界紧密联系在一起。培养学生的社会责任感就是对学生进行世界观教育。我们常常讲社会化，其实在很大意义上来说，社会化的核心就是社会责任感的建设，正是社会责任感把人和动物区分开来，正是社会责任感让一个人从自然人变成一个社会人、一个公民。在当代中国，社会责任问题是一个大问题、一个普遍性的问题，虽然说社会责任问题不应该由学生来承担，但是学生都是未来的成人。因此，培养学生的社会责任担当意识和能力是学校教育应有的担当，这也是落实“立德树人”的题中要义和重要途径。

社会责任感就是一种情感上的感受，有社会责任感就是在内心和情感上对他人和社会有伦理关怀意识和义务意识。对于道德教育或社会责任感的培养来说，很重要的一点就是要唤醒和激发学生的关心意识。当我们谈到“社会服务”的时候，有一个词会浮上我们的脑海，这个词就是“关心”。关心就是服务的灵魂，没有真诚的关心，就没有真正的服务。其实，关心又何尝不是教育的义理所在？关心这个概念首先让我们想到的是美国著名教育哲学家诺丁斯的“关心教育学”。教育学视域下的社会服务，就是要把培养年轻人对这个世界的关心作为一种教育价值指向，它的基本特征就是把学校学习与对世界的关心联系在一起。社会责任感的核心就是关心，关心是人类关系中的基础性概念。把自我放置在人际关系之中，就是用关心来滋养这种关系的内涵。社会责任感表现在心理层面，就是对他人和社会建立一种关心型的心理态度，包括同情、接纳、靠近和愿意提供帮助，表现在行为层面则是要对他人和社会给出回应，即是用某种行动把自己对他人和社会的关心表达出来，包括满足需求、提供帮助等。对“社会责任感”这一目标的强调，再次凸显了“关心”这一字眼儿在教育中的重要意义。没有关心就没有社会责任感的养成，对社会事务的关心是公民社会责任感的首要构成要素。

社会责任感表现在能力上就是对社会问题和社会事务有响应的能力。“响应”首先体现在声音上，是否具有社会责任感不是表现在课堂上或书面作业上教科书般的直接社会责任，这种谈论是虚弱的，经不起现实的考验。真正有力量的声音是建立在深度体验和深刻认识之上的谈论，学生参与社会服务活动的直接效果就是能够强化这方面的声音。响应表现在行动上，就是能够采取主动、围绕着改进社会贡献自己的服务。

担当是属于实践的，有责任担当就是能够把社会责任感落实在实践中、落实在行动上。担当就是在行动上负起责任。一次社会服务可能会改变学生的自我认知和他人对学生的认知，我们会认识到，学生是富有同情心的，他们有能力参与社会、承担某种社会责任，他们身上可能蕴藏着惊人的才能。通过社会服务活动，学生会越来越自信地意识到：我是有能力对他人和社会产生影响的人。这是学生自我意识成长的一个重要部分，是学生自身发展的重要体现。这种自我认识非常重要，它会进一步产生和强化这种可能性，即学生会把自己定义为做一个服务他人和社会的人，因为“我”能够做这样的人。

学校应该把培养学生的社会责任感作为责无旁贷的任务，因为社会责任感的养成依赖的主要途径或手段是教育。社会责任感要求学校和学生超越成绩取向的学习态度，发展一种帮助他人或参与公共事业的内在态度和愿望。

2. 其他目标

从《指导纲要》中似乎可以看出来，考察探究、社会服务、设计制作及职业体验这四种活动方式和价值体认、责任担当、问题解决、创意物化这四大核心素养是有呼应关系的；但它们之间不是完全一一对应的。虽然有的活动方式明显对应某种核心素养，例如设计制作这种活动方式就明显地针对创意物化能力的培养，但总体来说，某种核心素养的培养需要借助多种活动方式，某种活动方式可以实现多种核心素养的培养。

虽然综合实践活动课程之责任担当意识和能力的培养这一课程目标主要借助社会服务这种活动方式实现，虽然社会服务活动与责任担当核心素养的培养构成明显的对应关系，但这并非是说社会服务活动的课程目标仅限于培养责任担当意识和能力。问题解决意识核心素养培养的要求贯穿于四种活动方式之中，社会服务活动也不例外。以实现和深化教育意义为导向，在综合实践活动课程中开展的社会服务活动，更强调在本质上是一种研究活动，它是要把服务行动、研究和对这个世界的关心综合起来的一种活动。当社会服务活动是以研究为基础开展的时候，明显地它也承担了培养学生问题解决能力的责任。另外，社会服务活动及其独特的伦理特性和价值关怀特征，紧密地涉及价值问题，因此它也明显地与价值体认这种核心素养的培养高度相关。同样，设计是一个广泛的概念，许多社会服务活动，例如公益宣传活动中，都会有大量的设计成分。

（二）社会服务的学段目标

《指导纲要》划分了小学、初中、高中三个学段，并在每个学段围绕着价值体认、责任担当、问题解决和创意物化陈述了具体的目标。从中可以很清楚地看出，"服务"这个概念全部出现在有关责任担当的目标陈述之中，因此可以说，社会服务的学段目标主要体现在《指导纲要》中的"责任担当"学段目标。就是说，"责任担当"在各个学段的具体目标陈述可以置换解读为社会服务的相应学段目标。在此，我们把有关责任担当的学段目标陈述分出来，作为社会服务的学段目标列表如下。

表 3–1　社会服务的学段目标

小学阶段社会服务的具体目标	围绕日常生活开展服务活动，能处理生活中的基本事务，初步养成自理能力、自立精神、热爱生活的态度，具有积极参与学校和社区生活的意愿。
初中阶段社会服务的具体目标	观察周围的生活环境，围绕家庭、学校、社区的需要开展服务活动，增强服务意识，养成独立的生活习惯；愿意参与学校服务活动，增强服务学校的行动能力；初步形成探究社区问题的意识，愿意参与社区服务，初步形成对自我、学校、社区负责任的态度和社会公德意识，初步具备法治观念。
高中阶段社会服务的具体目标	关心他人、社区和社会发展，能持续地参与社区服务与社会实践活动，关注社区及社会存在的主要问题，热心参与志愿者活动和公益活动，增强社会责任意识和法治观念，形成主动服务他人、服务社会的情怀，理解并践行社会公德，提高社会服务能力。

从学段目标的陈述来看，透过社会服务（自我服务也被归属于社会服务的范畴）活动培养学生的责任担当能力从小学到高中是一个逐步深入和拓展的过程。这个过程包括由服务于个人到服务于社会：在小学阶段，侧重是培养学生具有服务自我的能力，服务主要是围绕着自身生活的需要和成长的需要展开；在初中阶段，则在继续培养自我服务能力的同时，把重心转向关心他人和社会；到了高中阶段，则侧重培养学生关心他人和社会。这个过程从素养层级上来看，在小学阶段重在养成服务自我的技能和态度，在服务他人和社会方面则更多做思想意识的初步养成，在技能和行动方面不做过多的要求；在初中阶段，在自我服务方面重在强调养成独立的生活习惯，在服务他人和社区需要方面则把培养的重心依然放在意识和观念的养成，只不过这种要求在程度上更为加深，在服务行动上则侧重强调能够参与学校、社区范围内的服务活动；到了高中阶段，则不但要求学生继续深化和拓展对社会服务的意识、观念和态度，而且侧重强调学生要更具有深入参与社会服务的能力并做出参与社会服务的行动，而且这种参与能够以有组织的方式，如志愿服务和公益活动的形式进行。这个过程从物理环境上来说，则是从关注自我的生活环境到关心更大范围的社区和社会：在小学阶段侧重围绕着自己的生活环境进行认知和服务；在初中阶段则把视界从自我逐步扩展到家庭、学校和社区，这其中学校和社区是初中学生开展社会服务、获得服务体验的主要场所；在高中阶段则是强调能够在更广泛的社区和社会范畴内开展社会服务，即把社会服务的行动重心转向学校之外的社区和社会。总体来说，社会服务活动的课程目标的设计是符合学生心理发展特征和个体成长需要的。

第四章

社会服务的关键要素

社会服务的关键要素包括：明确服务对象与需要；制订服务活动计划；开展服务行动；反思服务经历，分享活动经验。社会服务的对象包括人、动植物和环境等，服务对象的需要产生自我们对服务对象的脆弱性及其需求的感受和认知。服务计划的制订为高质量开展服务行动奠定良好的基础，没有高质量的计划和准备就难以有高质量的行动。在开展服务行动的过程中，要注意应该提供的是真实的服务而不是虚假的服务，是有意义的服务而不是无意义的服务，是高质量的服务而不是低劣的服务。反思和分享的功能都是对服务行动及其体验进行整理和加工，反思是社会服务活动的灵魂，分享服务体验就是展示和庆祝自己在服务学习过程中获得的成长。

《指导纲要》明确规定社会服务的关键要素包括：明确服务对象与需要；制订服务活动计划；开展服务行动；反思服务经历，分享活动经验。这四大关键要素界定了完整实施的社会服务活动的基本样貌。

一、明确服务对象与需要

“明确服务对象与需要”是社会服务的第一个关键要素。那么，综合实践活动之社会服务的服务对象有哪些呢？他们的需求有什么特征呢？

在前面对社会服务的社会学内涵的讨论中谈到，典型意义上的社会服务主要是公益性服务，在综合实践活动课程中，主要倾向于开展这种类型的服务。一般来说，公益性服务活动的服务对象，如果是针对人来说，则主要是指社会上的特殊人群，例如老年人、儿童、残疾人、病患和贫困人群等。比较特别的是，在综合实践活动课程中，自我也是服务的对象，尤其在小学阶段，对自我的服务是一个很重要的部分。另外，社会服务的服务对象不仅指人，还包括动物、植物和公共生活环境等，因为这些动物、植物和公共生活环境等归根结底也联系着人和人的生存、生活。

无论社会服务的对象是指人还是指动物、植物和环境等，如果要概括他们的共同特征，在社会服务尤其是公益性服务的视域中，他们都是带有某种脆弱性因而需要被加以关心和帮助的对象。就此，我们可以参考美国服务学习专家凯瑟琳·伯杰·科在其《服务学习指导大全》一书中所讨论过的服务学习专题，这些服务学习专题在这里可以被置换说成是社会服务专题。在书中，凯瑟琳·伯杰·科列举了几个服务学习专题，每个专题中都有明确的服务对象，这些专题及概括出的服务对象可以列举如下：[1]

> "艾滋病教育和意识"专题，这一专题针对的服务对象是已患艾滋病或面临着艾滋病威胁的人们；
>
> "动物保护与照顾"专题，这一专题针对的服务对象是由于全球生态环境变化、人类的意识和行为等而遭到生存和健康威胁的动物；
>
> "老年人"专题，这一专题的服务对象是因为年老而在身体和精神方面需要被关心和照顾的人群；
>
> "应急准备就绪"专题，这一专题的服务对象是面临着自然灾害例如地震、洪水和失火威胁的人们，包括我们自己；
>
> "健康生活、健康选择"专题，这一专题的服务对象是面临着健康威胁和希望过健康生活的人们；
>
> "饥饿，无家可归和贫困"专题，这一专题的服务对象是因贫困而陷入各种生存困境的人们；
>
> "特殊需要和残障"专题，这一专题的服务对象是因身体残疾而在生活和发展方面面临各种特殊困难和挑战的人们；
>
> "读写能力"专题，这一专题的服务对象主要是有读写能力障碍的人群；
>
> "安全和强大的社区"专题，这一专题的服务对象是存在各种安全问题，例如欺凌、人际关系紧张的社区（包括学校）。

分析这些社会服务专题所包含的服务对象，会发现他们有一个共同的特点，就是这些服务对象自身都带有某种程度上的脆弱性。正是这种

[1] 凯瑟琳·伯杰·科：《服务学习指导大全》，益公益交流中心译，商务印书馆，2016，第92–331页。

脆弱性唤起了人们对他们的关心意识和义务感。关心是社会服务的灵魂，他立足于对他人和社会、对这个世界脆弱性的敏锐观察、感受和认知，正是关心把自我和世界联系起来，正是关心把值得关心的人和事物对象化，从而变成社会服务的对象。

在这个世界上，需要被关心和服务的对象千千万万。我们自身就是需要被关心的对象，因而也是服务的对象，即人要关心自我和服务自我。自我之所以成为需要被关心和服务的对象，是因为我们自身也存在某种脆弱性，关心和服务自我就是矫正和消除自身存在的脆弱性，从而让自己变得茁壮或强大起来。

我们的学校和周遭社区环境，都存在各种各样具有脆弱性因而需要我们加以关心和服务的对象。如果把关心的视野扩展到我们这整个星球，则我们会看到这个星球所存在的脆弱性，它的脆弱性由一系列的现象和问题表现出来，例如环境恶化、种族冲突、战争、疾病等等。这些现象和问题作为人类焦虑和关心的对象构成了当代人类文化叙述的一种主题，在社会服务的视域内，从这些现象和问题中可以产生和延伸出许许多多社会服务的对象。

什么人和事会更有必要构成社会服务的对象，是与时代紧密相关的。在民国时期，社会服务就是学校教育的一个重要构成部分，那时候的社会服务，聚焦在战争、贫困和落后所导致的国家和社会苦难上，国家救亡的需要和各种痛苦无告的人群刺激了学校和学生开展社会服务的热情和动力，相应地，社会服务的对象就是处于战乱和贫穷中的国家及其人民。今天，我们庆幸我们生活在一个和平且物质文明相对发达的时代，因贫困而导致的痛苦随着物质文明的发展和各种社会保障机制的日益健全而得到了极大的解决和缓解，但是随着一些问题的解决，另一些问题浮上了水面或走上了前台，例如有现代文明素质的养成问题、现代人的生活孤独问题和精神压力问题、社会排斥问题、环境问题、快速变迁的社会所造成的社会适应不良问题等等。围绕着这些问题产生了或再造了社会的弱势人群和人类生活环境的危急，这些都是现代社会中需要被关怀和服务的对象。从某种意义上来说，对这些人群的关心和服务也指向了我们自己，因为这些人类生存的脆弱性都会在我们每个人的生存和生活中或多或少地反映出来。

很大程度上而言，确定服务对象就是确定服务对象的需要，当我们选择服务对象时，我们就已经对他们的基本需要有了一个大概的评估。服务对象的需要产生自其脆弱性，确定服务对象的需要往往就是对服务对象的脆弱性的感受、认知和研究。有时候，确定研究对象的需要比较容易，例如，一个腿部残疾的同学可能需要借助同学们的帮助才能进入教室或从事一些活动，这时候这位同学的身体状况直接诉说了他的特殊需要。但有时候确定服务对象的需要不是那么简单，例如一个“随班就读”的学生可能存在被特殊对待和平等对待的双重需求，这时候就不能对这位学生的特殊需求做简单的认定。需求是个体化的，它不能简单地想象和推演出来。我们不但要关心服务对象，而且要有关心的能力，表现在了解服务对象的需要这一点上，关心能力就体现在不能习惯性地从自己的角度解释需求，而是要跳出以自我为中心的思维，要聆听服务对象自己对需求的解释，由此建立对服务对象的同理心，能够站在服务对象的角度来感受和了解他的需求。无论该需求是否合理是否正确，对该需求及其解释首先要有一个接纳的态度。

我们开展社会服务活动最重要的就是要看到服务活动所产生的效果，效果就是所造成或产生的变化。那么，怎么看出或衡量变化是否产生呢？实际上，变化就是从一种状况变为另一种状况，从一种状态变为另一种状态。观察和衡量变化就是把两种状态或两种状况做比较，就此而言可以看出确定服务对象及其需要的重要性。确定服务对象及其需要就是为社会服务活动确立了一个基线，这个基线就是活动的出发点，社会服务活动最终所产生的结果就是要和这个基线做对比衡量。例如，如果我们的服务对象是班级里一个随班就读的学生，这个学生的现状和基线就是因为它的身心障碍所产生的特殊需求得不到帮助和满足所产生的不便和苦恼，或者是因为他的身体残疾而被另眼相待或得不到平等对待而产生的自卑或孤独，最终，依据这个基线，在服务活动结束后我们就可以评估我们的服务活动是否给服务对象带来了一些变化或改进。

二、制订服务活动计划

服务活动计划的制订为高质量地开展服务行动奠定良好的基础，没有高质量的计划和准备就难以有高质量的行动。在整个综合实践活动课程的实施案例中，实际上有大量的行动沦为无效的行动、盲目的行动和混乱的行动，出现这些低质量行动的原因，很大程度上是缺乏计划或只有低质量的计划。

要制定高质量的服务活动可以考虑坚持这样几个标准：

一是要真正研究了解服务对象的需要。服务活动计划的制订要针对服务对象的真实需要，如果对服务对象需要的认识不足，则服务活动计划就不能有针对性地聚焦，从而服务活动对被服务对象来说可能是无关紧要的，于此则服务活动就是无意义的，甚至可能提供的是一种坏的服务，这种服务对服务对象来说就是一种负担。例如：如果我们的服务项目是“关怀某位孤寡老人”，那么我们就要考虑这个孤寡老人需要什么样的关怀？如果我们只是从自己的角度考虑，则我们可能推论认为，既然他是孤寡老人，那他肯定比较孤独，需要和人交流，基于这种推论，我们在计划中设定的服务项目是定期找这位孤寡老人聊天，但实际上这位孤寡老人也许就是喜欢独处，那么定期地上门聊天对这位古怪老人来说可能就是一种负担而不是一种需要。

二是要以研究为基础。服务活动计划应该是研究的产物，研究是为了让制订的服务活动计划更具有科学性、合理性和可行性，不以研究为基础的计划很可能是随意、凌乱或不具有可行性的。研究就是要调查和确认服务对象的真实需要，就是要对信息、条件和资源进行客观的分析，并在此基础上提出具体的行动构想和目标，就是对行动构想和目标的可行性和操作性进行客观的衡量。研究并不神秘，不是只有科学家做的工作才是研究。我们是在宽泛的意义上使用研究这个概念的，当我们通过做问卷调查和访谈了解服务对象的需要或获取相关的信息时，我们是在做研究，当我们进入现场进行观察和体验时，我们是在研究，当我们对社会服务的过程和结果进行结构性反思时，我们是在做研究。当我们把这些研究行为落实在或统一在一个社会服务活动中时，我们就可以说我们的社会服务活动是以研究为基础的。

三是要与学校教育的目标和内容建立有机的联系。综合实践活动课程中的社会服务强调服务活动的教育属性，这也就是服务活动对教育者的意义所在。社会服务所产生的教育意义很大程度上与教师预先在指定服务活动计划时有意识地安排服务活动和课堂学习的关联程度有关。在计划中，最好把服务活动与课堂学习内容可能有的联系详细地罗列出来。就此在设计服务活动计划时可以从两个方面加以考虑：一是融入一些教育目标例如知识目标、技能目标和德育目标等；二是在服务活动与学科课程的学习之间找到更多的联系，一方面要让服务活动服务于学科教学的需要，另一方面则主动运用学科知识，从学科视角拓展深化服务活动的方案设计。

三、开展服务行动

相对于其他活动方式来说，进入现场展开服务行动对学校和师生构成了更大的挑战，因为这类活动需要更为复杂而真实地参与到现实世界，更强调对真实世界发生实在的影响。在过去的综合实践活动课程的学校实践中，社区服务在“社区服务与社会实践”的板块中，所占据的比例相对较小，这可能从侧面反映出，社区服务的实施对学校来说难度更大，因为在社区服务中学校、教师和学生需要对付和处理的问题更多、更具有挑战性，例如社区服务更需要直面社会，需要和社会上的各种机构和人群打交道，就这一点而言可能不但对学生，而且对学校和教师来说都有一定的难度和复杂性。但是，进入现场展开真实的服务活动，这是整个社会服务活动过程中最具有活力的部分，也是最有意义的部分。因为在这个过程中，学生的服务行动对服务对象产生了最真实的影响，学生见证了自己的服务行动所产生的实际效果或后果；同时，从学习的层面来说，学生亲自感受和理解了所学习的知识是如何运用于解决问题，如何和现实联系起来；另外，在这个过程中，学生和服务对象、政府机构和社会人员以及具体的环境接触和交往，从中收获最鲜活的体验，一些新的知识和观点也逐渐形成和累积，这些从活动中产生的体验会进一步反馈和反哺到正式的课堂学习中去。

对于开展服务行动这个要素或环节来说，一个首要的原则性要求是提供高质量的服务。强调社会服务的教育属性，并非是要贬低服务本身、贬低服务的社会学意义。社会服务强调互惠性，从这个意义上来说，“服务”本身也是目的，而不单纯是手段。就这一点来说，美国学者约翰·伊比（John Eby）针对服务学习的提醒是十分必要的。在学术界普遍倡导服务学习的背景下，约翰·伊比曾撰写了一篇名为《为什么服务学习是不好的（why service-learning is bad？）》的论文，论文题目颇为耸动视听，但实际上约翰·伊比并非是要否定服务学习本身，他所指摘的是对服务学习的偏颇理解以及服务学习实践中存在的各种问题，其中核心的问题是服务和学习的关系等式中过于强调了学习的侧面，“因为极其强调服务学习的学习一面，服务本身被沉降为‘一种达到目的的手段’而不是服务本身就是目的”[1]。在服务和学习的失衡关系中，服务的质量得不到有效的保证，许多服务是无效的、无意义的服务，甚至有些服务可能会对社区造成伤害。低质量的服务活动不但不解决真实的社区和社会问题，而且它损害了学习本身，因为“它教给学生的是对社区和社会问题

[1] Eby, J.W “Why service learning is bad?” 1998, http://www.villanova.edu/content/dam/villanova/artsci/servicelearning/WhyServiceLearningIsBad.pdf.

的不充分的理解”[1]。

约翰·伊比的提醒告诉我们，我们应该提供的是真实的服务而不是虚假的服务，是有意义的服务而不是无意义的服务，是高质量的服务而不是低劣的服务。

就提供高质量的服务而言，以下的反例也可以提供一些警示：

小时候的农村有一些上门乞讨的乞丐。那时候，一般家里都较穷，几乎没有人会给乞丐钱，大多都是给一些生的或熟的食物。有一次，家门口来了一个母亲娘家村里的中年乞丐，乞丐智力上有缺陷，嘴角边一直留着哈喇子。母亲抓了一大把晒干的地瓜干让我送给他，但我隔着老远就把地瓜干扔了过去，地瓜干撒落一地。时隔这么多年，我仍然清晰地记得，面对撒落一地的地瓜干，他的有些痴呆的脸上依然明显地闪过尴尬的表情和笑容，不过，他还是低下身子把地瓜干一片片地捡了起来装进篮子里。过后母亲把我数落了一顿。

这是一个真实的案例，我们姑且以第一人称“我”来表示案例中的主人公。施舍乞丐的行为不是综合实践活动课程范畴下的“社会服务”，因为它不符合“提供劳动”这条标准。但它算起来也属于慈善救助类的活动，所以广义上也暂且可归类为社会服务。在这种服务中，“我”的施舍行为就是一种没有服务精神的服务活动，在这种恶作剧般的服务活动中，“我”的内心里不存在对服务对象的真正关心或同情心。这是一种没有灵魂的社会服务，这个事件映照出了“我”的道德世界的缺陷。某种程度上而言，虚假的服务比不服务更坏。

真诚的服务往往表现在服务过程中的服务态度。一旦进入服务现场，就是进入一种服务状态，这种服务状态首先体现在服务态度上，服务态

[1] Eby, J.W “Why service learning is bad?” 1998, http://www.villanova.edu/content/dam/villanova/artsci/servicelearning/WhyServiceLearningIsBad.pdf.

度折射的是一个人的服务意识，没有良好的社会服务意识和社会服务态度，就不会有良好的社会服务品质。

四、反思服务经历，分享活动经验

反思服务经历与分享活动经验被概括为一个要素，反思和分享的功能都是对服务行动及其体验进行整理和加工。

综合实践活动中的社会服务活动本质上是一种经验学习的形式，在经验教育的话语体系中，无一例外都把“反思”作为经验学习过程中的重中之重。同样，在社会服务活动中，也格外强调“反思”的重要意义，可以说，反思就是社会服务活动的灵魂，是社会服务活动至关重要的构成性特征。反思既可以作为服务行动之后的一个独立的阶段来加以讨论，又可以作为一种渗透社会服务全过程中的一个功能要素来加以分析。

“反思”作为一个中文词语，其含义是显而易见的。顾名思义，反思就是回顾性地思考或者回过头来思考。反思的英文词是 reflection，其来源于拉丁词根 reflectere，意指“倒回（to bend back）”，即像光反射一样，或像镜子反映实体的影像一样，引申为 turn over to think, 即回过头来思考。反思的中英文都说明了反思是一种回顾性的认知。

在社会服务过程中，“反思”既是一个要素或环节，同时也是一个一直被强调的质量标准。“反思”这一词汇映现在我们头脑中的画面似乎是按下了一个暂停键，确实，反思在很大意义上就是让自己的脚步停止下来，回头看看自己所走过的路。具体到社会服务过程中，反思就是把视线投射到社会服务的过程，投射到过程中所发生的事件，并投射到自身，对自身的感受、体验、认知等加以辨别并整理，从而获得更为连贯、深化的理性认识。反思作为一个要素和环节是培养学生成为一个有深度的参与者和思考者的重要环节，同时它也是深化社会服务过程和保障社会服务质量的重要手段。

反思的对应面是“前反思”或“反思前”。反思之所以必要，是因为有前反思的东西存在，反思和前反思构成了一种依赖关系。反思就是把前反思的东西对象化，它就像一束光，指向行动和思想的幽暗不明之处。它深入意识之中，搅动思维，把思维之光投射到某处，产生发现，生成新认识。

那么，在社会服务中，前反思的东西都有哪些呢？或者说反思的对象是什么呢？没有经过反思的东西可能是行动中的客观外在事件。一个事件在行动过程中产生了，但它淹没在行动的洪流中，没有被意识捕捉到，当它变成了反思的对象时，这个事件开始向反思者诉说。例如就前面所说的乞丐讨食的案例来说，当“我”把地瓜干扔落一地时乞丐尴尬的表情和微笑可能没有被“我”看见，可能“我”视而不见，当这个表情和微笑进入我的头脑或者当有人提醒我注意这个表情和微笑的时候，这种表情和微笑就开始被意识对象化了，反思就开始启动了，此时这种表情和微笑便被放在整个事件中以及放在“我”的意识中得到整理。

前反思的东西也可能是两个服务现象之间的联系。例如，在服务行动过程中，有一个事件的发生可能与我们的做法和言语有关，但是处在行动过程中，这种联系并没有被我们当下意识到，也就是说我们并没有发现这种关系。当我们停下来思考时，这种联系被我们的意识抓住了，从这个意义上来说，反思就是发现联系的探索。

前反思的东西也可能是我们自身，包括我们的认知上和情感上的局限和偏见，或者是未经整理的体验和情感。例如在服务行动过程中可能我们曾出现过失望或愤怒的情绪，这种情绪在当时处于无法被理性控制和掌握的状况，一段时间后这种情绪稳定下来，此时我们开始停下来去反思这种情绪，可能这种情绪的问题、原因和影响等都被一一发现和追问。再如就上述乞丐讨食的案例来说，这个事件发生后，母亲的批评加上乞丐的尴尬微笑可能触动了“我”的反思，这种反思指向“我”对乞丐的偏见和态度的恶劣，这种反思不但可能在当时出现，甚至可能延伸到成年。

由此可见，反思是一种特殊的思考，反思就是重新发现，反思就是检查，反思体现了思维的勤劳，在行动过程中，人的思维可能处在停歇状态，反思就是把事件等连接在一起认真思考，从中了解真正发生了什么。反思体现着服务行动和思维之间的交互关系。

强调反思是基于这样一种认识前提，即单纯的服务行动或经历本身并不必然导致学习，“学习是对这些服务行动或经历进行反思的结果”。那些未被思考的东西蕴含着一个巨大的学习空间，它需要透过我们的反思把这些联系发掘出来，这种发现的结果就是学习，就是知识。反思意味着拓展和超越，拓展是因为我们产生了新的发现，超越是指我们的认识更上一个层次。拓展和超越是针对当下而言的，当下意味着尚缺乏审视，缺乏反思之光的照射。对服务学习来说，反思至少包括下面两种意义：一是就反思自身来说，反思促进了自我意识。反思嵌入我们的意识，推动着我们思考自己的前见、知识、经验和情感，从而帮助我们自身从封闭性和局限性中走出来，获得新的情感以及认识的转变和成长。二是就服务活动过程来说，反思的目的是为了改进和完善服务学习过程。服务行动的过程会有许多我们看不见的思维盲区、行动缺点和迷思，因此需要我们回过头来进行反思性监视，以避免服务行动沦为盲目的服务、肤浅的服务、杂乱的服务和无意义的服务。反思发挥着向前看的功能，反思带来的学习成果会被吸纳到服务活动的过程之中，从而成为进一步影响和改进服务活动的过程和特征的建构性要素，并且维系着服务学习过程的持续性。

反思把过去、现在和未来连接起来。在服务活动的过程中，如果不停下来想一想，活动中的一些细节以及所收获的一些体验因为不能在意识层面得到整理和加工，就容易被遗漏或遗忘。而在反思中，行动当中的一些细节和感受在意识层面得到整理，从这种整理中会产生新的问题，会产生更为深化的认识和理解，要而言之，它加深了学习，增进了理解和综合。这种新的学习结果会反馈到活动过程之中，它或者是纠正服务过程，或者是把服务行动带向一个更深的层次。

产生体验是成长的标志，分享服务体验就是展示和庆祝自己在服务学习过程中出现的成长。分享主要是指让他人也一起共享服务的故事、体验和感受。为什么要分享，那自然是因为分享能够产生意义。意义之一是指向自我的，首先，分享能够让我们感到愉悦。我们大多数人，尤其是年幼的孩子都有展示自己的快乐和收获给别人看的内在需要，在分享过程中他人的赞赏、肯定以及看到通过分享自己的观点等真实地影响了他人，都会收获一种内在的满足感，分享满足人的“展示”和“庆祝”的情感需要。历史上人类的很多丰收活动都是以“展示”和“庆祝”作为结尾的，尤其对儿童来说，展示和庆祝的需要更为强烈，其满足了他们“被认可”的需要。其次，分享具有一种利他性格，分享可能帮助他人产生新的认知，分享也是一个影响他人的过程，我们是因为关心而参与社会服务活动的，社会服务本质上是一种关心行动，通过分享，我们把关心的意义、过程和效果传递给他人，从而感动和启发他人，吸引他人一同参与到关心和服务他人的道德行动中去。再次，通过分享我们可能收获进一步的成长。分享不是单方面的输出，它一定伴随着反馈和输入，因为在分享的过程中别人也会提出自己的观点和看法，这种来自他人的反馈会进一步刺激我们的思考。不过，需要提醒的是，分享的过程并不是永远伴随着情绪上的快乐，分享过程中来自他人的看法和态度并不总是肯定的。需要强调的是，至少在分享的过程中应该尽量避免或淡化引入比较和竞争的机制，因为当分享过程被竞争和比较的氛围笼罩时，可能会影响到分享的内在快乐，可能会减损分享的愿望和勇气，可能会影响学生真诚地公布或展示自己最真实的经历和体验，可能会影响到学生虚心接受别人看法的意愿。

第五章

社会服务的实施过程

完整的社会服务过程由一系列相互联系的阶段构成。在参考社会服务的关键要素的基础上，可以把社会服务的实施过程分为确定服务活动主题、制订服务活动计划、做好服务准备、投入服务行动、反思服务过程和经验、展示和庆祝、评价等几个阶段。在社会服务活动实施过程中，要确保尽量遵循学生主体性原则，但这个过程也要求教师发挥积极的作用。教师承担着为社会服务活动进行质量监控的责任，他不但要指导学生沿着社会服务的几个阶段把社会服务活动推进下去，而且还要通过设立标准来保证社会服务活动的质量。

综合实践活动课程中，完整的社会服务过程是由一系列相互联系的阶段构成的。对于学校和教师来说，最直接关注的还是怎么从流程或步骤上操作社会服务的实施过程。《指导纲要》只是设定了社会服务的关键要素，而没有明确社会服务的实施阶段。不过，关于四大要素的陈述及其前后联系也反映出社会服务实施过程的逻辑顺序性，因此，从要素的陈述中也大概可以看出社会服务活动实施过程的基本结构和样态。只是，这四大关键要素无论是作为构成要素还是过程要素，均不能完全覆盖讨论实施步骤或顺序时所要谈论的所有东西。所以，在讨论关键要素的基础上，可以单独讨论社会服务的实施过程，并把四大关键要素视为需要对应融入各个阶段的东西。为了显示要素和阶段的区别，在给各个阶段命名时，尽量不直接挪用关键要素的命名，而是起一些新的名称。这里把社会服务的实施过程分为确定服务活动主题、制订服务活动计划、做好服务准备、投入服务行动、反思服务过程和经验、展示和庆祝、评价，以侧重操作的角度依次剖析这七个阶段，以提供一个可供参考的实施蓝图。需要注意的是，这七个阶段是前后紧密相连、彼此渗透的，甚至在实施过程中有些阶段可能是同步的。另外，在每个阶段会提出一些教师指导要求，教师承担着为社会服务活动进行质量监控的责任，他不但要指导学生沿着社会服务的几个阶段把社会服务活动推进下去，而且要通过设立标准来保证社会服务活动的质量。例如，教师确保把一些教育要求和标准与社会服务活动结合起来，或者说融入社会服务活动的工作可能主要由教师来主导完成。教师指导学生的过程，是一个敏锐地观察学生学习需要的过程。在指导服务的过程中，教师要注意学生哪些知识和技能需要得到进一步开发和提高并想出帮助他们提高的途径。

一、确定服务活动主题

社会服务活动的实施过程是从确定服务活动主题开始的，这个阶段的核心工作是明确服务对象及其需要。但不仅如此，它还包括在此基础上给服务活动主题进行命名以及判断服务者的服务能力等。

（一）社会服务活动的主题范围

教育部在发布《指导纲要》时，在附件中罗列了一些社会服务活动的推荐主题。这里把这些主题列表如下，供实践者具体参考。

表 5-1　社会服务活动推荐主题

1-2 年级	1. 生活自理我能行
	2. 争当集体劳动小能手
3-6 年级	1. 家务劳动我能行
	2. 我是校园志愿者
	3. 学习身边的小雷锋
	4. 红领巾爱心义卖行动
	5. 社区公益服务我参与
	6. 我做环保宣传员
	7. 我是尊老敬老好少年
7-9 年级	1. 走进敬老院、福利院
	2. 我为社区做贡献
	3. 做个养绿护绿小能手
	4. 农事季节我帮忙
	5. 参与禁毒宣传活动
	6. 交通秩序我维护
10-12 年级	1. 赛会服务我参与
	2. 扶助身边的弱势群体
	3. 做个环保志愿者
	4. 做农业科技宣传员
	5. 参与公共文化服务
	6. 做普法志愿者

社会服务的内容和项目大概都可以囊括进这些推荐主题之中。我们可以把这些活动主题分为两种类型，即直接性服务和间接性服务。所谓直接性服务，就是有直接的、明确的服务对象，服务活动会直接影响到服务对象，在这种服务中，服务者有和服务对象面对面接触的机会。例如，“走进敬老院、福利院”的主题中，服务者有直接服务老人、孤儿和残疾人士的机会。而在间接性服务中，则往往没有具体的、明确的服务对象，或者说服务者往往看不到服务对象，但这不意味着服务活动没有服务对象，而是服务对象存在于我们的同情性的想象之中，他们不在我们的眼前，在我们的关心意识范畴之内。例如，在红领巾爱心义卖行动中，可能义卖所得收入会捐助给遥远山区的贫困孩子，但具体受益的服务对象服务者不得而知。另外，在这些推荐活动主题中，许多主题在性质上属于公益宣传活动，这些活动也很难说有直接的、具体的服务对象。但需要注意的是，直接性服务和间接性服务的划分是为了分析的方便，实际上，不是说一项具体的服务活动不是直接性服务就是间接性服务，往往是一项服务活动主题中既有直接性服务的部分，也有间接性服务的部分。在这两类服务主题中，我们倾向于运用直接性服务，对关心意识的唤醒和培养来说，直接服务的影响最大也最为强烈，因为在直接服务中，服务对象真切地存在于我们的眼前，学生可以和服务对象直接接触，服务对象的反馈可以直接地观察和体验到，其真实性能够最大限度的影响服务者的心灵感受，学生也能更为强烈地亲身感受到服务对服务对象的直接影响或直接意义。

另外，在这些推荐主题中，很明显，不同主题所需要投入的理智含量是有差异的，所有的社会服务活动都应建立在研究的基础之上，但是像“做农业科技宣传员”和“做普法志愿者”之类的活动明显更需要高度的理智投入，涉及需要学习一些专业的知识，甚至可能延伸到涉及一些专业技能活动，例如土壤测试和水测试等。从这个意义上来说，这类活动既是社会服务活动，又是研究性学习或考察探究活动。

在参考上述活动主题时要清楚“主题”这个概念既可在宏观层次上使用，也可在微观层次上使用。列表中的推荐主题明显带有很强的概括性和宏观性，往往不宜于直接拿来做某次具体的社会服务活动的主题，例如有“社会公益我参与”“我为社区做贡献”“扶助身边的弱势群体”及“参与公共文化服务”等。因此，在参考这些推荐主题时，要把这些主题细化或聚焦到更小、更具有操作性的主题上。

需要强调的是，要客观估量和提醒学生注意评估自己的能力和资源状况，在此基础上量力而行地确定合适的社会服务主题，例如，原则上不鼓励学生从事“保护非洲大象”之类的社会服务活动，因为学生和周围社区的技能和资源都很难支持开展真实的、直接的服务。

（二）确定社会服务主题要以调查研究为基础

通过什么样的途径和方式确定社会服务的活动主题呢？概括起来至少可以有三种，分别是调查研究社区的需求、参与社会服务组织的项目以及从课程学习中引申出社会服务的主题。

1. 调查研究社区的需求

社区构成了学生的日常生活实践空间，社会服务活动主要是着眼于社区展开的。因此，调查研究社区的需要是确定社会服务主题的一条基本途径。实际上，对推荐主题的采纳和落实也需要建立在调查研究的基础之上。前文已述，“社区”这个概念是在不同意义上被使用的，它是一种实体单位，在我们国家主要是在城市里使用，社区由街道下辖，相应的管理机构叫“居委会”。但也可根据需要灵活地理解和运用“社区”概念，从地理范围上来说，社区可包括街坊邻里、村庄、城市、国家甚至国际等。社区范围可大可小，一个“小区”是一个社区，甚至一座城市、一个国家也是一个社区。从结构上来说，社区包括组织、机构、体制、设施和人群及彼此之间的关系。“社区”这个概念本身就暗含着人与人之间的互助性，一种相互服务的关系。有了“社区”这个概念之后，“社会”这个抽象的概念就有点具象化了，人与人杂凑在一起不构成社会，社会的形成和发展是一种文化的过程，在这个过程中，人与人之间相互帮助的需要和行动构成了社会形成和发展的核心机制。

我们的社会性就存在于我们和周围世界的交互关系之中，我们是具体地存在于社区之中的，社区就是我们周围亲密的世界，或者说我们和社会的联系就构成了我们的生活世界，社区里的一草一木一人都构成了我们生活的背景。但往往是，我们生活于其中的社区仅仅是浮光掠影地从我们眼前闪过，社区里人、物和事没有进入我们的关心视域，没有变成需要我们关注的对象和问题，这个时候，虽然我们生活于社区，但并没有与社区建立交互作用的关系。把视线投入社区进行调查研究，就是让社区里所存在的人和物及其需要进入我们关心的视域，这是我们跟社区建立起关心关系和交互作用的第一步，通过调查得出社区的需要。例如校园的某一处需要绿化，低年级的某些学生需要学习辅导，社区里某所孤儿院的孩子需要陪伴和关心，社区里某个孤独的老人在生活上需要照料，等等。

了解社区及其需要的方式有多种。我们可以直接咨询社区机构，例如，如果社区要组织某项活动，学校和师生可以联系社区，询问他们的需要并利用自己的资源提供服务帮助；如果通过咨询了解到社区里有某个孤寡老人因身体不便或精神孤独而需要特别的照顾和看护，学校也可以组织学生提供照顾服务。

我们可以直接观察和了解社区，观察和了解社区和周遭环境里的人、事、物，去发现社区里哪些地方需要我们通过提供服务加以改进和完善。例如，学生可能报告说："今天在上学的路上，我看到那个街角拐弯处又发生了一起车祸，这是这个月中那里发生的第三次车祸了。"另一个学生可能会说："我们小区 5 号楼 3 单元 605 室的陈奶奶今年 85 岁了，她的老伴去世了，唯一的女儿在外地工作，她的腿脚也不太好。"学生观察到的这些周边社区的问题，都是确定社会服务主题的资源。

我们可以通过访谈和问卷调查的方式了解社区的需要，这是对直接观察社区需要这种方式的进一步升级。

此外，我们还可以通过当地新闻媒体间接了解社区的需要。

需要说明的是，宽泛地来讲，学校也是一个社区，因此，确定服务对象也不必外求于校外，校内的同学也可以成为社会服务的对象。例如，如果一个同学有严重的自卑自闭倾向，就可以成为社会服务的对象，他的问题可能会透过生理、心理、行为和社会关系层面反映出来，我们就可以从这些方面精确地评估他的需求，从而提供相应的帮助和支持。

2. 参与社会服务组织的相关项目

学校和师生可以联系当地的政府社会服务组织或民间社会服务组织，参与它们既有的或计划开展的社会服务项目。政府里有些机构是以社会服务为目的设置的或带有社会服务的功能取向，这些机构里拥有丰富的有关社会服务的资源和信息。开展志愿服务活动的一种良好方式是与当地的志愿服务组织或民间公益组织取得联系。这些组织是由一些富有社会服务精神的热心人士组成的，他们是社会文明真诚的守望者和建设者，某种意义上来说，他们最能代表志愿服务精神。一般这些组织都会有一些成熟的服务学习项目或固定的社会服务对象，学校或师生可以参与它们的项目。参与这些项目有一点缺陷，即这些服务项目的运作过程是由该组织确定和主导的，这样师生会缺少从教育意义上设计服务过程的机会，但好处是，这些组织的社会服务过程比较专业，学生可以学习到更多专业化的社会服务知识和技能，更能深化对社会服务精神的理解和对社会服务技能的学习，从而使自身也成为社会的守护者。

3. 从课程学习中引申出社会服务的主题

学校和师生也可以结合学科教学确定社会服务的对象和主题。在所有学科中，尤其在地理和道德与法治等学科中，都会从中引申出一些社会服务主题的内容。当然，这些主题要变成真正的社会服务活动主题，往往需要结合对周边社区的调查，例如在生物课中谈到自然环境的时候，可以让学生考察家乡的一条小河，研究这条小河的生态环境状况，做出保护河流的行动并提出河流生态保护的建议。以往在学科教学中，一些内容会延伸出一些研究性学习的主题，但是这些研究性学习活动多是一些思想运动，多停留在纸笔层面，并往往局限于在课堂上实施，因而它们依然是和实践、生活隔离的，在本质上不属于综合实践活动。实际上这些内容可以放在社会服务的视域下发展成真实的社会服务活动主题。例如有一个研究性学习的案例如下：

保护碧水蓝天　共建绿色家园[1]

——环境保护主题活动设计

一、活动目的

通过查阅资料，了解我国的生态环境现状，以及全球环境存在的危机，认识到环境保护是我们每个人的责任，提高环保意识。

二、活动准备

1. 准备节目：搜集相关的资料，准备歌曲、小品等节目。

2. 制作相关课件。

3. 将班级分成五个小组。

三、活动内容

（课件播放优美的自然风光画面）

教师：谁不希望头顶的天空湛蓝如镜，谁不希望脚下的大地绿草如茵，谁不希望身边的湖水清澈明净，谁不希望眼前的阳光灿烂如金。但这样的环境在日益遭到破坏，我们的家园受到严重的威胁，那么作为中学生的我们就应该为保护碧水蓝天、共建绿色家园贡献一份力量。下面请同学们介绍全球环境的状况。

学生：（分组展示收集资料）中国的荒漠化土地已达 267.4 万平方千

[1]《保护碧水蓝天　共建绿色家园——环境保护主题活动设计》。查字典地理网 2016-9-22，https://dili.chazidian.com/s39074/。

米；全国18个省区的471个县、近4亿人口的耕地和家园正受到不同程度的荒漠化威胁，而且荒漠化还在以每年1万多平方千米的速度在增长。

七大江河水系中，完全没有使用价值的水质已超过40%。全国668座城市，有400多个处于缺水状态。其中有不少是由水质污染引起的。

全国1/3的城市人口呼吸着严重污染的空气，有1/3的国土被酸雨侵蚀。经济发达的浙江省，酸雨覆盖率已达到100%。我国古代的黄土高原曾经是美丽富饶的地方，商朝时黄河流域的森林覆盖率曾高达50%以上。人类几千年来掠夺式的开发，受到了大自然无情的报复。现在，黄土高原的水土流失地区到处是荒山秃岭、沟壑纵横，黄河——中华民族的“母亲河”，竟成为世界上泥沙含量最多的河流。

（课件播放黄土高原荒山秃岭、沟壑纵横的景观）

教师：看来同学们都做了充分的准备。大家的介绍真的是令人深思啊！同学们在日常生活中有没有破坏环境的行为呢？

（学生谈以前破坏环境的一些行为，并表决心改掉那些不好的习惯）

教师：通过这节课，我想，同学们能够意识到：没有地球的健康就没有人类的健康，善待地球就是善待自己。拯救地球，一起动手；保护环境，从我做起，从身边的小事做起。那么我们能为环境保护做些什么呢？（课件出示：环境保护你行动了吗？）

学生：（分组进行比赛，谈在生活中保护环境的做法，看哪组知道得多）不随地吐痰，不乱扔垃圾，节约用水，不践踏草坪，不破坏花草，拾起地上的废纸……（课件播放生活中环保的一些行为，以及破坏环境带来的不良后果的图像）

教师：同学们谈得太好了！可见，大家能从生活中的一点一滴做起，把环保当作自己的一份责任，为环境保护贡献自己的一份力量。我们不仅要从自身做起，还要向其他人宣传环保的重要性，倡导全民行动起来。你会用哪些方法来宣传呢？

（学生分组展示宣传办法。一组准备了歌曲《送给不懂环保的人》

《不要让她再受伤》，二组准备了相声《环境保护宣传员》，三组准备了小品《美丽的地球》，四组准备了配乐诗朗诵《给地球母亲多一点爱》，五组准备了一些环保的宣传画）

教师：同学们的表演真精彩！我想你们的宣传一定会感动很多的人，会让更多的人加入到环保的行动中来。

教师总结：地球是我们从后代手中借来的。破坏环境，祸及千古；保护环境，功盖千秋。让我们与自然重建和谐，与地球重修旧好；让我们再次呼吁：保护碧水蓝天，共建绿色家园！

（课件播放歌曲《不要让她再受伤》）

上述案例作为一个学科研究性学习的案例是成功的。但在此基础上，完全可以把这样的研究性学习活动变成一项社会服务活动。例如，活动中设置有宣传环保的环节，但是这种宣传活动的设计只是局限于在课堂上展示，不具有社会服务活动的性质。最真实的社会服务活动会要求把这种在课堂上的宣传设计表演转化为到学校之外、到社区去进行公开的宣传倡议，从而产生真实地影响他人的效果。

在确定和讨论服务活动主题阶段，指导教师就需要就位。确定指导教师这项工作一般会在这一活动阶段之前完成。从一开始，指导教师就需要高质量地参与指导活动之中。这里首先需要强调的是教师的态度。要知道，学生的参与及其热忱高度受指导教师的参与和热忱的影响。基本上可以说，教师参与多少，学生参与就有多少；教师参与的热忱有多高，学生参与的热忱就有多高。

二、制订服务活动计划

“服务活动计划”是一个类似教案的活动方案。制订服务活动计划的过程应该遵循一个原则，即尊重学生主体性的原则。如果服务方案是由学校和教师来制订，则就不能充分地体现综合实践活动课程之尊重学生主体性的原则，也限制了学生智慧的发挥。学生不仅仅是作为贯彻学校和老师制订的服务方案的主体，学生的主体性和智慧也应体现在制订服务方案的过程之中。教师应心存一种观念，即制订服务方案的过程，也是一个学习的过程，这是学生学会运用智慧和民主合作的一种过程，因此不可轻视这一过程的教育意义。当然，学生参与这一过程的程度也要考虑到自身的心智水平。

服务活动计划的制订最好是由学生以小组的形式合作完成。有些服务活动是由个体完成的，尤其是一些服务自我的活动，但是绝大部分的社会服务活动是由一个学生团队完成的，一个团队就是一个服务小组，服务活动计划就是以这个服务小组作为主体来制订的。顺便需要说明的是，什么时候开始组建服务团队，或者说服务小组的组成是在制订服务活动方案之前还是在确定社会服务主题之前，这个并没有确定的要求。如果社会服务主题或项目是由学校或教师预先指定的，则服务小组的组建往往就是在确定社会服务活动的主题这一阶段之后，但也常常会发生在社会服务活动的主题确定之前，这时候就是先搭建好服务小组，之后以服务小组为主体或由他们参与确定社会服务的主题。

社会服务计划的制订要考虑到时间因素，服务时间可以分为一年、一个学期、一个月或一周。因此，可以根据时间单位来制订具体的服务行动计划，例如可以制订年计划、学期计划、月计划、周计划。此外，也可根据需要制订不同层次的服务计划，例如可以制订整体服务计划，有些细节无法在整体服务计划中明细，也可以另外制订单元服务行动计划。

在制订计划之前，可以先由教师或小组长安排组织讨论会。一个小组中要有一个小组长，小组长是社会服务活动过程的组织核心，他的存在对于活动过程开展的质量关系重大，因此活动开展过程中要尽量发挥小组长的组织作用。小组长的选拔过程也尽量采用民主的方式进行，教师尽量少指派。一般来说，小组成员能较为客观地把有组织能力的小组长选拔出来。教师或小组长组织计划制订讨论会，大家对服务活动的主题进行充分讨论，在这个过程中要注意参考各种资料。讨论之后，可以由专人负责制订出一个整体的服务方案。方案制订出来之后，可以再次组织会面，讨论方案的合理性和可行性。

一项完整的服务活动计划大概包括如下几个部分：

一是服务者。服务者通常是一个服务团队或服务小组，在方案中首先要明确小组成员的角色分工。除小组长之外，每个人都承担服务过程中的某种任务，另外还可以设置例如联络员、摄影员、资料员、美工等。小组成员的角色分工，最好采用民主协商的方式进行，慎重运用指派的方式。小组成员每个人的知识和特长各有不同，通过民主协商把每个人安排在不同的角色分工上，使其才尽其用。不过这种角色分工也不是完全固定的，一个学生可以依据需要从一个角色转到另一个角色中去，尤其是从发展学生能力的角度考量，甚至可以考虑给有些学生安排看起来似乎不太适合他的角色，目的是让他通过承担这样的角色任务而发展他相应的能力。如果一项服务活动用时几个月或半年，则角色可以轮换，这样既可以避免某个成员只是做某种单一的工作或只是学到某种单一的技能，还能够促进成员间技能的相互学习和信息的相互交流。

二是服务对象。可以列出一个服务对象的清单。

三是服务活动的目标。包括针对服务对象的服务行动目标和针对服务者的学习目标。

四是具体的服务行动内容。就是要考虑提供哪些服务劳动以满足服务者的需求，实现服务活动的目标。在这个过程中要结合考虑采取哪种服务活动方式，例如是提供直接服务，还是进行公益宣传、通过义卖或勤工俭学的方式获得一些报酬并用于服务对象，或者是这几种方式的整合，等等。

五是需要运用和开发的知识和技能。包括学校里所学的学科知识。

六是需要获得的外部支持。

七是反思和分享的方式。

八是时间安排和行动步骤。这里需要强调的是，鼓励学校利用暑假这种特殊的机会组织学生开展社会服务活动，但是不鼓励把服务活动一味推到暑假中来，因为这样的做法似乎表明，社会服务活动是与正规学校教育时间格格不入的东西，尤其是当把社会服务活动放在暑假中由学生自行完成时，这样的社会服务活动通常难以完整地体现社会服务的关键要素，并且无法对社会服务过程进行监控。

以下服务活动计划的模板和样例可供参考。

保护 ××× 河的服务活动计划

一、服务者和服务对象

1. 服务者：某班全体同学，组长 ×××

2. 服务对象：××× 河

二、活动目标

1. 身体力行地为 ××× 河的治理做出点儿贡献；

2. 了解河流的生态现状及历史变迁；

3. 提出具体的河流生态保护建议和倡议。

三、主要行动内容

1. 重点确定河流某段流域进行现场考察和研究；

2. 采集生物样本和水样本进行研究；

3. 考察河流沿途的生产、生活情况，寻找污染源；

4. 认养某段河流区域，经常清理河岸垃圾；

5. 通过图片展等方式宣传河流保护；

6. 撰写研究报告提交给相关部门。

四、需要运用和开发和培训的知识和技能：

1. 安全保护知识和技能；

2. 数据采集和记录技能；

3. 团队沟通和合作技能；

4. 与社区的合作和沟通技能；

5. 文字写作技能；

6. 摄影、摄像、绘画等技能。

五、需要获得的外部支持

1. 老师的支持：科学课教师、信息技术教师

2. 当地村委会；

3. 镇相关负责机构；

4. 相关专业机构。

六、时间安排和行动步骤

为期半年，具体安排……

七、反思和分享的方式

1. 坚持撰写活动日志，记录考察的体验和感受；

2. 找时间专门进行课堂讨论；

3. 撰写小论文；

4. 图片展或视频展示；

5. 发放宣传资料；

6. 在学校刊物、当地媒体等发表文章。

制订服务活动计划要经历一个前期调查研究和协商讨论的过程，虽然在这个过程中要尊重学生的主体性，即推动学生以主体身份参与服务计划的构想和设计，但是这个过程离不开教师的参与指导。尤其是要把服务活动的标准和要素深入地融合到计划中，指导教师责无旁贷。

三、做好服务准备

俗话说“不打无准备之仗”，要把服务工作做好，提升服务工作的质量，就要在进入服务现场开展服务之前，事先做好知识、技能、工具、

注意事项等各方面的服务准备工作，这样就不会在进入服务现场的时候手忙脚乱，顾此失彼，疲于应对。

做好服务准备，首先就是要把人、物质、时间和地点以及要做的事情合理配置好，并围绕着这种结构配置充分地准备物质条件。但最重要的还是让服务者做好知识、技能、心理等各方面的准备，为此对服务者进行培训就是必不可少的。社会服务所涉及的东西比较多而复杂，因此需要对作为服务者的学生进行专门的指导训练。所训练的内容包括三个方面：第一，要让学生了解社会服务的一些一般的知识和技能，毕竟社会服务在社会学范畴内也是一门专业，需要专业知识做支撑；第二，就特定的服务项目所涉及的知识、技能和有关所需要的工具对学生进行特别的指导；第三，让学生做好心理准备，服务工作可能会比较复杂辛苦，服务过程很可能会出现与预期不一样的情况，服务中可能会有来自服务对象的抱怨等。

对学生进行训练的方式包括讲授、讨论、阅读、做专题研究、模拟训练等。例如，如果有条件的话可以请社会服务专业的人员、有从事社会服务经验的人员、社区机构的人员或拥有某种特定知识技能的人员传授有关社会服务的知识、技能和分享他们的经验心得。再如，可以就所要从事的特定社会服务项目设置服务现场情境，让学生进行模拟服务，从中训练学生的服务技能并提前发现服务中可能会出现的问题。

此间，我们特别强调鼓励师生进行社会服务的专题阅读。阅读的内容包括三个方面：一方面是讲授社会服务专业知识和技能的书；二是与所要从事的社会服务相关的知识技能方面的书；三是与社会服务的项目或对象有关系的书籍，学校可以购买一些这样的书供学生参考阅读。通过对这些书的阅读，以拓展和加深对所要从事的社会服务主题的了解和思考。

很具体但是必要的一个方面是，教师应对小组长进行个别化的指导。小组长的组织工作在很大程度上影响甚至决定社会服务工作的质量，因此不应只是指定小组长就了事，而是要就如何领导和组织社会服务的过程给予小组长个别化的指导或建议。

实际上，培训的要求也不限于学生，大多数教师对社会服务的专门知识和技能是陌生的，也缺乏从事社会服务的经验，因此教师也需要获得有关社会服务的专门教育。具体的方法可以包括：教师主动地阅读相关社会服务的书籍，以增加社会服务的知识；主动研究和思考社会服务中可能出现的问题，并探求解决的办法；向其他机构、人员或有指导社会服务经验的教师同事请教。最重要的一点是，教师也要认真地参与学生的社会服务过程，以获得社会服务的实际经验。

四、开展服务行动

进入服务现场开展服务行动是社会服务活动中最具有挑战性的环节，因为在这个过程中，服务者要和真实的人、事、物打交道，要实实在在地处理各种问题，但这也是最有意义的一环，因为在其中我们能真切地感受到服务对服务对象的效果，社会服务的主要魅力就在于能够真实地感受到效果。

在开展社会服务行动中，注意要做好如下几个方面的工作：

一是要保证服务活动按照计划有条不紊地展开。行动是对计划的落实，既然制订了详细的计划，就要保证计划尽量得以实现，让学生看到自己的计划和主意得到实现，会进一步鼓舞学生把社会服务行动继续进行下去。这一点可以通过小组成员的人员分工来实现，如设置小组长或设置专门的分工角色来负责组织协调和反馈等工作。需要说明的是，在进入服务活动现场时，有一些基础性工作可能需要由教师完成或者由教师主导完成，例如联系社区人员等。

二是要做好行动记录。做“行动记录”的意义有二：首先，做行动记录的过程本质上就是记日记的过程，其直接的意义是记载和留住一段过程，进而和他人一起分享行动过程里所发生的故事；其次，做记录的过程是一个推动学生进行思维整理和反思的过程，在记录的过程中，学生留心着某些事情，并在这种留心中发现某些信息、整理自己的体验、检讨过程中的问题和提出进一步的行动设想，进而通过这种思维整理，可以保证行动的连续性和合理性。“行动记录”的内容包括：我今天做了什么工作？今天发生了什么事情？今天有什么收获？今天产生了什么问题和困难？今天有没有产生新的措施和想法？今天收集了哪些素材（文字、图片、视频等）？做行动记录可以参考如下模板：

表 5-2　行动记录模板

行动时间和地点	
今天做了什么？	
今天发生了什么事情？	
今天收获和体验到了什么？	
有没有新的措施或想法？	
添加一两幅代表性的照片或艺术作品。	

三是要根据服务行动所产生的真实的结果，考虑是否对计划做更新或调整。行动过程要关注预设性和生成性的统一，行动中既有预设性的部分，也有生成性的部分，预设是在制订计划阶段完成的，相应地，预设性的行动就是落实计划，生成性的部分则产生自行动过程。当进入现场展开服务行动时，可能会发现原来的计划行不通，服务期间产生的问题超出了我们的解决能力范围，或者发现原有的知识、技能和资源缺失或不足以满足服务行动的需要，或者真实的服务效果可能达不到预期甚至产生了与预期相反的效果，或者产生了比原计划更好的想法，这时候就可能需要重新调整计划或重新学习某些知识和技能。制订服务计划和展开服务行动之间的关系并不是线性的或单向度的。

四是和社区伙伴等建立良好的伙伴关系。社会服务活动相较于其他活动方式更多地要求和“社会”打交道。社会是一个抽象的概念，它具体体现为一个个的政府机构、社区、组织、企业等，我们把这些社会实体单位为学生参与服务活动所提供的支持统称为社会支持。无疑，没有这种社会支持，社会服务活动是很难实施或很难保证质量的。在社会服务活动开展过程中，学生会和一些人群打交道，这些人包括警察、社区管理员、福利院人员、孤儿院人员等。可以说，他们都是专业的社会服务者，他们以自己的服务活动贡献于这个社会。他们以自己的专业工作诠释着服务和服务精神的意义，他们拥有着丰富的社会服务的经验和体验，他们创造了许许多多的关于社会服务的故事。同时，在这个过程中他们形成了对公共责任的理解。社会服务活动开展过程中，鼓励学生以访谈、请教的方式分享他们的社会服务经验和故事，分享他们自己对社会责任感的理解，这是培养学生社会责任感的重要方式。

另外还有几个注意事项在开展服务行动的过程中需要加以关注：

一是不要把活动一味推到假期。在许多学校，社会服务类的活动通常都会放置在寒暑假中由学生自发完成。这类服务活动在性质上只是学校派下来的额外任务和作业。当学生只是把社会服务当成一种任务和作业时，学生很难对服务活动本身有内在的热情，也很难会尽力投入自己的精力和能力，“应付”是学生在这类活动中常见的态度，甚至在许多这样的所谓社会服务活动中，“应付”的态度构成了一种循环并且是相互影响的，学校、学生、家长和社区人员都默契地共同展现出应付的态度。

二是要坚持实效性原则。从事社会服务的工作，要在服务行动中看到实效，不应好高骛远，也不要做无用功，而是做一件事就要有一件事的成效，付出一分钟的时间就要有一分钟的收获。现实中开展的许多的综合实践活动，如果从实效或成效上好好做总结和检讨的话，实际上是浪费了师生的许多时间和精力的。

三是坚持合作原则。一般化的学科学习行为往往是个体化的，在这样的学习范畴下，往往很少提供学生合作学习的机会，但综合实践活动课程却要以合作作为突出特征，社会服务更是内在地要求在活动中建立复杂的合作关系。在社会服务中，合作既是手段，又是目的。作为手段来说，只有通过合作，才能实现服务力量的扩展和集中，从而更好地实现满足服务对象需要的目的。作为目的来说，应该把培养学生的合作品格和合作能力作为一种内在的教育目标。当谈到合作的时候，我们的耳边会回响着著名心理学家阿德勒在其名著《自卑与超越》中的一些论点，“一切人类有关价值和成功的判断都有其根源，那就是合作，许多缺乏合作能力的儿童在后来的人生中无法完全发展他的智力和理解能力，我们理解个体的最好途径就是对其合作能力的考察”。这些观点都说明，我们要从学生自我发展的意义上来思考培养学生合作能力的价值和重要性。

四是要保持活动的信心和热情。许多以实践的形式开展的活动，往往有一个通病，即开始时学生会有兴趣和热情，但一段时间之后，境过情迁，则变得兴味索然，行动随之变得消极和松懈下来。另外，不可否认，学生因其年龄、知识与技能、心智水平、经验和资源条件等方面的限制，其服务水平和做事的水平会显得稚嫩，会出现各种问题。在这时候，就需要指导教师适时地介入进来，他要保持学生参与服务活动的热情不坠，他要教导学生不要一碰到困难就唉声叹气或轻易放弃，他要引导学生把遇到的问题转换为让学生进一步探究和改进服务的契机。

五、反思服务经历

作为一种服务学习要素的反思渗透于服务学习的全过程，但是反思也是服务学习过程的一个专门步骤和阶段。这个阶段发生在服务行动结束之后，它有助于学生更全面完整地审视整个服务过程和学习体验。反思就是把思维之光投射到活动过程，看看活动过程有什么特别之处，有什么不足，改善的方向在哪里。反思就是把思维之光投射到我们的自我，看看我们之前的思维、知识、认识、感受、情感、技能等有什么样的局限和不足，看看我们当下产生了什么新的认识和情感，尤其对照过去的局限看看我们的认识和情感有什么样的变化。

反思的目的是要推动深入学习，因此反思要在这样几个方面着力：把服务学习的收获、体验与学科学习联系起来，以推向更高层次的知识理解和社会理解；对比服务过程前后的所见所闻和体验，检查自己的认知和情感的变化与成长；深入检讨该项服务活动的意义和问题，并提出提高服务活动质量的建议和策略。反思的意义如此重要，那么如何进行反思呢?

反思的形式可以多种多样，概括起来主要包括如下几个方面：

一是通过言语类活动进行反思。这种形式有讲述、对话、讨论、辩论等等。例如可以运用辩论这样一种反思形式，因为辩论过程所特有的张力能够促使辩论者最大限度地回顾服务过程、最透彻地表达自己的服务体验和感受。虽然在辩论过程中，辩论者的言语可能显得比较偏执和固执，不愿发生改变，但实际上，经过一个辩论的过程，无论对辩论双方还是听众，都会对社会服务的过程有一个更为全面的了解，对服务过程中产生的一些想法和体验会有更深刻的认识。

二是通过写作类活动进行反思。包括写日记、写故事、写感受、写论文、写作文等。例如有到非洲参加社会服务的同学撰写的反思感受写道："很多事情都是新鲜的，新的知识、体验、朋友……这些都是我最宝贵的资产；每个国家的人都有属于自己的文化及生活方式，我们不应该用自己看事情的角度来强迫他们接受我们的生活方式，试着以他们的角度来看待事情……从旁来协助他们，对他们的意义才能长远；在马拉维真正体会到社会服务的真义，我们看似在服务，其实是不断地从被服务者身上学习本身所不足的地方。"服务行动中所发生的事情或服务行动所产生的结果可能自动触发一个人的反思机制。因此，在服务活动过程中，要尽量多地做好行动记录或行动日记，行动记录不应是流水账的性质，流水账式的记录是粗糙的，行动记录中要注意记下行动过程中那些特别的时刻和场景。

三是通过艺术类活动进行反思。例如有角色扮演、诗歌、音乐、戏剧、绘画、摄像、摄影等。

反思活动应是开放性的，除了个人和活动小组内部的反思外，反思活动还可以是全班、全校性的。除此之外，学校和社区之间的双向反馈也是非常关键的，社区的反馈信息可以为反思提供更为客观的素材和依据。（见表 5-3）

表 5-3　双向反馈表

向社区反馈	反馈对象	
	反馈人	
	反馈内容	
社区反馈意见	我们的活动对贵单位有什么帮助？	
	贵单位对我们的活动有什么样的意见和建议？	
	贵单位有何服务活动是我们将来可以参与的？	

在社会服务的每一个环节，教师都应是活动过程的参与者，并在其中发挥着教师应有的作用。在反思和分享服务经验的环节，教师可以运用一个成年人的优势和作为教师在理智上的长处提高反思和分享的质量，在其中一个重要的角色是提出有价值的问题引导学生深入反思，例如引导学生注意和思考活动过程中的某些细节，引导学生进入更深入的反思状态，引导学生更精确地表达自己的感受等等。反思过程中可能出现一些意料之外的情况导致反思过程陷入一种混乱、无效或无组织的状态，例如一个笑话就可能让学生集体进入情绪亢奋状态，从而导致反思过程失控，或者可能大家花费过量的时间在一些微不足道的细节上徘徊不前，或者讨论过程变成了一个人表达和表演的舞台，从而失去了倾听他人独立地表达自己的思想和体验的机会。在这种情况下，教师就要运用自己的教育机智处理问题，把握反思和分享过程的节奏、方法等。

六、展示和分享

展示和分享是社会服务实施过程的第六个阶段。无疑，这一阶段是以分享为目的和特征的。

那么，该如何展示和分享？或者说，在技术层面上我们该采取哪些分享的方式或手段呢？就这一点来说，先需要提醒的是，展示和分享应该是以学生为主体的，因此，展示和分享的过程和方法应该适合学生的年龄特点以及个人的兴趣爱好，最好是让学生自己选择和设计展示和分享的方式和方案。

就具体的展示和分享方式来说，上述提到的反思的方式同时都可以作为展示和分享的方式，只不过采用这些方式时要侧重从展示和分享的角度加以设计。一方面，与成人不同，儿童期的学生可能喜欢运用多样化的方式来表达感情和思想。允许用多样化的方式来分享和反思，可以更容易调动学生的参与积极性，更能吸引学生参与到分享和反思的过程。另一方面，用不同的方式进行反思和分享，可能呈现出不同的反思和分享的内容，这样可以使反思的内容更为丰富。

最普通的方式是讲述和写作，分享本质上是向他人诉说，讲述和写作是诉说的最好的方式。

展示和分享还可以采取演讲的方式。演讲可以很好地组织和表达学生的服务体验，同时，一个良好的演讲可以达到感染和鼓舞他人参与服务活动的目的。演讲不同于讲，它要有“演”的成分，加入“演”的成分是为了让“讲”更感人、更生动。“演讲”一般来说并不是学校重视传授的技能，也少有学生有机会拥有“演讲”的机会，我们鼓励学生采用演讲的方式来分享服务体验，这并非只是为了传达服务体验，同时这也是一种难得的学习演讲的实践。

另外，学生已经从学科学习中发展了各种各样的技能，例如诗歌技能、绘画技能、写作技能、音乐技能等，或者说学生群体中有些人在这些技能上有专长，允许学生用多样化的技能进行反思和分享，也为学生充分展示这些技能提供了机会。例如，学生可以创造一台舞台剧，借用舞台剧，学生可以把社会服务的过程、期间有趣的故事、自己的服务体验、思考和感受等呈现并表达出来。借用舞台剧这种形式，一方面可以更形象更鲜活地呈现反思的内容，另一方面可以满足表演的兴趣，同时还能锻炼学生各方面的能力，从而达到拓展学习效果的目的。

一般的展示方式有文章、图片、美术展示、视频、幻灯片、演出（备注：可以设计不同于上述举例的展示方式）。为了更好地组织展示和分享活动，可以在这个环节制订一个展示和分享计划表，如表 5–4 所示：

表 5–4　展示和分享计划表

观众	
展示时间和地点	
展示形式	
展示的具体安排	

在展示和分享环节，应该采用某种形式向社区做必要的反馈。例如可以邀请社区人员参加展示和分享会，或者作为展示和分享的一部分，向社区写信表达对社区支持开展服务行动的感谢，这种反馈可以来自学生，也可以来自指导教师，甚至可以来自学校。在展示和分享环节把社区考虑进来，有利于彼此相互激发，有利于建立和维持良好的伙伴关系。现实中，有些社区人员会抱着一定的热情积极参与到学生的社会服务活动之中，但是往往让他们失望的是，他们的努力没有得到来自学校等反面的反馈和肯定。

七、评价

从保证社会服务过程完整实施的角度来说，展示和分享之后并不意味着社会服务过程的结束，作为一项有组织的教育活动，完整的社会服务过程还应包括“评价”环节。评价的有些工作已经在反思和分享的过程中完成了，但是一个系统的评价工作还是有必要的。至少，评价是一种仪式，借助于这种仪式，教师和学生更能感受到社会服务过程的完整性。

在评价形式上，和综合素质评价的要求对接，主要采用的是档案袋评价这种质性评价形式。所谓档案袋评价，顾名思义，就是依据档案袋进行的评价。可以为每一个学生建立一个档案袋，也可以为小组建立一个档案袋。档案袋以注重积累学生活动和成长记录为基本特征，所以档案袋评价的工作不是在活动全部结束之后才开始的，它的主体工作已经延伸到了活动的各个环节，教师在各个环节都要指导学生客观真实地记录和收集活动过程中的相关事实、感受等，并把其中具有代表性的材料放进档案袋中。

就评价语言来说，对社会服务的评价不同于对学科学习的评价，评价语言应尽量中肯客观，尽量不对学生的观点和体验做出对与错的判断，而是用一些激励性的质性语言进行评价。

就评价的主体来说，主要包括教师评价与学生自我评价，必要的时候可以纳入其他评价主体进行评价，例如邀请社区进行评价等。

当然，也不排除教师和学生可以用量化的方式进行评价，但是量化的结果主要是参考，量化评价不应作为主要的社会服务活动评价形式。

以下两个评价模板可供参考。第一个表格主要供教师使用，它可以采用量化评价的形式。第二个表格供学生使用，学生依据这一表格做自我评价，这种自我评价过程本质上也就是自我反思，它可以结合反思环节进行。

表 5-5　教师评价表

评价内容	评价结果
确定服务活动主题	
制订服务活动计划	
做好服务准备	
开展服务行动	
反思服务经历	
展示和分享	

表 5–6　学生自我评价表

姓名：	
这种服务是有必要的吗？	
你（们）的服务受到社区欢迎吗？	
你积极参与服务过程了吗？	
你做出了哪些贡献？	
你学到了什么样的知识和技能？	
这样的服务活动对你的学科课程学习有帮助吗？	

第六章

社会服务案例设计：走进敬老院

最好能通过一个典型案例来充分完整地展现社会服务的实施过程和注意事项，但找到一个理想的真实范例委实不易，因此在本章中我们设计了一个虚拟的社会服务活动案例“走进敬老院”，希望能借此鲜活完整地展现社会服务活动的理想形态。在这个案例中，我们虚拟了一所学校“向仁高中”，虚拟了一所敬老院“颐养院”，虚拟了一个指导教师梅老师，虚拟了一个活动小组，虚拟了一个完整的社会服务活动过程。

在本章，我们想借助一个例子来展示社会服务活动的全过程，当然，用真实发生过的案例来展示和解释效果最好，但这样的案例极不容易寻找，因此，这里需要预先说明的是，以下的案例是虚构的。

一、确定服务主题

这学期，在向仁高中提供的可供选择的综合实践活动主题中，有一个题目引起了一些同学共同的关注，这个题目就是“走进敬老院”。

基于对这个活动主题的兴趣，高一（一）班的七位同学组成了一个实践活动小组，计划开展这一主题。向仁高中并没有专职的综合实践活动指导教师，但有20位老师是学校安排的综合实践活动课程兼职教师，其中高一（一）班的年轻历史老师梅老师就是其中一位。七位同学一起找到梅老师，希望梅老师能做他们的活动指导教师。

在了解了同学们的活动想法后，梅老师内心感觉压力较大。做兼职指导教师是学校安排的，但也征求过她的意愿，她是自愿答应的，做指导教师会增加工作量，但她还是想尝试一下。梅老师所担心的是，她自己对敬老院是非常陌生的，基本没有和社区打交道的经验，因此她担心自己胜任不了指导任务。她内心一度想拒绝，但看着同学们期望的眼神，她把拒绝的念头又收了回来。她也想询问学生是否可以改换一个活动主题，但想了想后也把这个念头打住了，她不能随意地去改变学生的兴趣，也不想把自己的畏难情绪传达给学生。我们总是教导学生要迎难而上，自己怎能临事退缩呢！内心短暂的挣扎过后，梅老师以一种爽快的语调答应了学生做他们的指导教师的要求。

在向仁高中的课程表里，综合实践活动课被安排在周五的下午一、二节。但是考虑到综合实践活动的开展需要进行大量的户外或校外活动，因此课程实施只靠这两节课是不够的。为了解决这个问题，周五下午三、四节学校不安排课程，这两节课使用较为灵活，学生可以用来开展社团活动，也可用来自主实习，这样的时间安排，主要目的就是为综合实践活动课程创造条件，让活动能够做到分散时间和集中时间相结合。

在综合实践活动课上，梅老师组织活动小组开展第一次研讨。很明显，“走进敬老院”这个活动主题属于社会服务活动的范畴，在组织讨论之前，梅老师进一步了解了社会服务活动的基本特点和原则性要求，既然学生愿意实践这个主题，那作为指导教师就要尽力承担好自己的指导责任，以保证学生能从这项活动中获得最大的收获。她决定把这两点作为本次实践活动的核心追求：确保服务活动是高质量的，核心是让敬老院的老人感到满意；确保学生能从这次活动中获得丰厚的回报，核心是让学生能明显感受到自己的成长和学习上的收获。

在研讨之前，梅老师已初步做了一些了解工作，之前她甚至不知道附近有没有敬老院，通过上网查找后得知，离学校两公里的地方，就有一个叫“颐养院”的区老年公寓。她本想提前联系一下，但想想还是和学生讨论过后再说。

在第一次研讨中，梅老师让同学们开展头脑风暴，先自发地想一想怎么开展这项活动，同学们各抒己见：

A 同学：我打听过了，我们附近就有一个敬老院，叫“颐养院”，我们可以到那里去开展服务。

B 同学：很好，可是该怎么跟他们联系呢？我们自己直接上门联系能行吗？他们会不会不欢迎我们去呢？

C 同学：是不是要经过政府主管部门同意呢？这事是不是需要学

校出面，开具证明什么的？

D同学：昨天我回家跟父母说过这个事了，爸爸说我们有一个远房表姐就在颐养院工作，平常联系不太多，我请爸爸联系看看！

梅老师：那太好了！我概括一下，我们有两项工作急切需要做好：一是确保敬老院愿意让我们进去，服务和接受服务都应是自愿的，这是前提，不能勉强；二是考虑怎么联系敬老院，以什么样的方式联系最好。既然D同学有亲戚在敬老院，那就请D同学联系亲戚咨询一下相关情况。关于怎么跟敬老院联系，除了请D同学询问亲戚外，大家还有什么好的建议？

E同学：我看无论跟谁联系，我们都要写一封信为好，这样更正式，通过写信的方式表明我们的目的，也可表明我们真诚的态度。

梅老师：很好！这样，既然我们是一个小组，我们就要先做一下分工。小组要有小组长，小组长主要是发挥组织作用。需要预先说明一下，我不指定小组长，大家最好民主讨论。

大家经过讨论后，公推D同学做小组长，D同学虽然不是班干部，但一贯对班级事务比较热心，有责任感，尤其是他有亲戚在颐养院工作，由他做小组长，一方面方便联络，另一方面可以带动其父母和亲戚参与和支持的积极性。另外，D同学既做小组长，同时还要肩负起做联络员的工作。

梅老师：我们的小组长已经选好了，就是D同学。服务工作是要大家共同完成的，但每个同学也要承担某种角色。下一次大家讨论一下我们可以设置哪些角色，每个人自己可以承担哪种角色。原则是大家可以在这个角色上发挥最好的作用。

梅老师：接下来我们安排下一步的工作。我看我们要和不同的部门和机构都取得联系，要和街道办联系，要和敬老院联系，在学校内部也要和学校相关部门联系。为了以示正规，也为了取得敬老院等机构的重视，我们需要学校出具证明，我们不要把写证明的事情都推给学校，我们自己可以研究如何写证明。同时我们也要写一封信，以表明我们的态度和意图。小组长D同学组织讨论一下看看证明和信函如何写，讨论完后大家推荐专人来写。证明写好后拿到校办请老师过目并盖章。

第一次讨论后，D同学请父亲帮忙联系上了自己的表姐，表姐很愿意提供帮助。同时，在学校的帮助下，学生和街道办相关部门以及敬老院取得了联系，并同时送上了证明和信函。证明和信函是由F同学写的，F同学文笔很好，其作文屡次在班上作为范文被公开阅读。

在D同学表姐的协助下，梅老师带领同学们第一次到了颐养院，跟院领导和相关工作人员进行面对面交流，目的是调查研究敬老院有什么具体的服务需求，学生可以提供什么样的帮助，方便开展什么样的活动，敬老院及相关机构可以提供什么样的支持，等等。同学们把这些通过交流调研获得的信息组织起来，由组长D同学整理成一份信息清单，以供后续活动时做参考。

二、制订服务活动计划

从敬老院交流调研回来之后，在综合实践活动课上，梅老师组织大家进行第二次讨论交流，讨论的目的是制订一份服务活动计划。这次讨论主要由D同学组织，D同学整理的信息清单被打印出来，小组成员人手一份。大家参考清单并结合调研感受陈述自己的意见：

D同学：今天讨论的目的是制订活动计划，请大家基于手中的信息清单提出一些建议和想法，核心是我们能够提供什么样的服务。

G同学：我们的服务可以有两种：一是参与敬老院已有的一些项

目或做一些常规的服务工作，例如打扫卫生、帮助老人整理衣物、陪老人聊天等；二是我们可以搞一些有创意的活动。

A 同学：我们可以表演一些节目或者和老人一起做一些有意思的活动。先想想我们有什么样的特长。我会下象棋，B 同学唱歌好听。

B 同学：我想我们的服务也要具体到某个老人，尽量满足老人的一些心愿。

C 同学：我们光靠自己还不够，可以发动身边的其他人提供服务帮助。我爸爸是摄影师，我可以请爸爸给敬老院老人每人拍一张照片，专业摄影哦！

D 同学：对，这个点子好！我堂哥是理发师，可以请他到敬老院免费给老人理发。

E 同学：我想我们的服务要持续一段时间，最好持续半年，如果只去一次，未免有点形式主义。

F 同学：我们要做好人员分工，把分工情况写在计划里。

梅老师：综合实践活动课程强调要运用所学知识和技能开展活动，大家除了考虑运用一些特长进行服务外，还可以从学科学习的角度想出一些服务内容。另外，我们不但提供服务，还可以借助服务活动帮助我们学习。我是历史老师，我可以从历史的角度提出一些想法。例如，我们可以为老年人做口述记录，这种做法在专业上有一个对应的概念，叫“口述史”。每个老人都历经人生的风风雨雨，积累了很多的人生故事和感悟，我想他们也愿意甚至渴望讲给年轻人听、讲给下一代听。我们就做他们人生故事的倾听者和记录者，我想这是我们能提供的一种比较独特的服务，通过聆听和记录他们的故事，我们也能够更真实更好地理解我们的社会和历史的变迁和现状。我希望大家都能从学科的角度提出一些想法，例如数学、艺术、体育等。必要的时候，你们可咨询这些学科的相关教师，请他们提供建议，需要时我也可以联系这些老师提供帮助。

梅老师的建议让同学们茅塞顿开，他们纷纷和学科知识相联系提出了一些服务想法，并在讨论结束后同各相关学科老师取得了联系，进一步向他们请教。从学科角度提出的相关活动建议最终整理如下：

从语文角度提出的建议：用日记或作文形式记录活动经历和感受；举办一次诗会。

从数学角度提出的建议：经敬老院同意，获取敬老院老人的基本数据，制作一份敬老院老人统计图，在这个过程中要学会运用统计方法，学会制作统计图。

从科学角度提出的建议：研究老年人的健康状况和医疗保健需要，为老年人提供营养知识服务。

从历史角度提出的建议：为老年人做口述史记录；了解我国的老年人保障制度及其历史演变；就区域的一些历史事件和风土人情等采访老年人。

从信息技术角度提出的建议：尝试在学校网站上开辟一个板块或制作网页，发布活动经历、老年人的照片和故事等；调查老年人对信息技术的了解和使用情况，学习并教会老年人与其生活息息相关的信息技术手段，例如打车软件、网上预约服务等。

从体育角度提出的建议：研究适合老年人的体育项目并教授给老年人；同老年人一起搞一次体育锻炼或游戏活动。

从艺术角度提出的建议：向老年人采集一些民间传统艺术；为老年人表演一些他们喜欢的节目或艺术项目。

在第二次讨论中，梅老师提供了一个服务计划的模板，D 同学负责制订一份服务计划的初稿，E 同学和 F 同学从中提供协助。初稿制订出来后，梅老师组织小组成员进行了第三次讨论，最终形成了一份“走进敬老院”

的服务活动计划。

“走进敬老院”服务活动计划

一、服务者和服务对象

1. 服务者：向仁中学高一（一）班同学A、B、C、D、E、F、G，组长是D同学，C同学负责摄影和拍照，F同学负责整理文字材料，其他同学更多地承担具体服务行动。

2. 服务对象：颐养院老年公寓及公寓里的老人。

二、指导教师：梅老师

三、活动目标

1. 为颐养院老年公寓的老人提供高质量的服务行动；

2. 了解老年人的生存和生活状况；

3. 围绕着为老年人服务学习相关的知识和技能。

四、主要行动内容

1. 参与敬老院的日常服务，为老年人打扫卫生、整理物品，参与照顾老年人的生活；

2. 陪老年人聊天、散步；

3. 为老年人做口述记录；

4. 举办一次诗会，请有意愿的老年人和同学们每人朗诵和讲解一首诗歌；

5. 运用统计方法制作老年人基本状况统计图，统计图要反映老年人的健康状况和医疗保健需要；

6. 为老年人拍摄照片，撰写活动故事和老年人的故事，发布在学校校园网上；

7. 为老年人表演小节目，例如唱歌、跳舞等；

8. 办一次跨代运动会，研究一些老少皆宜的体育和游戏项目。

五、需要开发和培训的知识和技能

1. 照顾老年人的知识和技能；

2. 安全保护知识和技能；

3. 数据采集和统计技能；

4. 社会沟通和合作技能；

5. 文字写作技能；

6. 摄影摄像技能。

六、需要获得的相关支持

1. 学校支持：提供必要的物质帮助和信息帮助；

2. 敬老院：提供技术指导和信息咨询；

3. 街道老龄办：提供信息协助；

4. 其他支持：请家长和亲戚朋友提供资源支持。

七、时间安排

为期两个月，到敬老院开展服务活动三次。

八、反思

1. 在服务活动过程中根据需要安排专门的反思活动，以查找问题、发现不足和寻找对策；

2. 在服务活动结束后进行系统性反思；

3. 坚持撰写反思日志；

4. 反思采用口头反思和书面反思相结合的方式，注意反思结果的记录积累。

九、展示和分享

1. 在学校网站上图文并茂地发布活动过程和活动故事；

2. 在学校刊物、当地媒体等发表文章；

3. 用展板的形式展示服务活动成果，配以文字和图片等；

4. 办一次活动庆祝会，邀请同学、学校领导和相关教师，以及相关机构人员，通过情境剧等形式展示自己的活动收获、汇报自己的成长感受和学习成果，以获得学校、老师和社会机构人员进一步的支持。

三、做好服务准备

七位同学之前都没有从事社会服务活动的经验，更是从来没有到过敬老院，梅老师自己的情况也差不多。大家都对是否能高质量地做好服务工作心里没底。因此在进入服务现场即敬老院正式开展服务活动之前，大家决定先做一些准备工作。

准备工作对应计划开展活动的内容。这是跨代人的互动，无须讳言的是，两代人之间的差异性是十分明显的，他们有不同的生活阅历和经验，有不同的生活方式和思维方式，有不同的方言，因此，为了能够让彼此之间能够相互接纳，应该预先对敬老院的老人有一个基本的了解，就此小组决定委托组长D同学邀请其表姐给大家做一次培训，主要是讲讲老年人的生活和思想特点，并介绍一些跟老年人沟通的技巧和注意事项。

就活动小组应该做哪些准备，在第三次讨论会上大家进行了初步的讨论。

梅老师：大家都有爷爷奶奶或外公外婆，我们可以想一想平时是如何跟他们交流的，总结出一些经验来。

A同学：我的爷爷奶奶外公外婆都住在乡下，平时见面少，过年过节时父母带着我回去看他们。现在想想很惭愧，好像没有好好地跟他们聊过天，不太了解他们的过去。

B同学：我和爷爷奶奶很亲，在他们面前就喜欢撒娇，说话做事很随意，平时也没有考虑过技巧什么的，说什么他们都不在意，都是乐呵呵的。

C同学：我有一个太爷爷，去年去世了。他是一个老革命，参加过抗日战争、解放战争和抗美援朝。前些年健在的时候，他最喜欢做的事就是跟我们讲革命年代他的亲身经历，每次一讲就收不住。老年人都喜欢讲经历，我觉得我们最重要的就是要倾听他们，他们有一肚子的东西，但在敬老院里很少有机会能跟后辈说。我想听听他们讲故事会挺有意思的，让他们打开话匣子多讲，我们自己不要讲太多，就做一个忠实的听众。

D同学：对对，听的时候要专心，在态度上千万不要表现出不耐烦。我觉得他们有些人的故事会非常精彩，在征求他们同意的情况下，在他们讲的时候，我们可以用录音笔录下来。

E同学：可是我们一开始怎么跟老年人见面呢？谈些什么呢？总不能一开始就让他们讲故事吧！我建议我们研究一下一开始见面时应该如何跟他们打招呼，如何提出一些问题。

D同学：对！这个建议很好。我们就研究一下，最后列一个清单出来供大家参考。

F同学：我们是否可以搞一次角色扮演活动，模拟一下怎么跟老年人对话？

梅老师：我觉得这个建议也很好，那我们就抽时间搞一次。D同学组织一下，大家想想自己可以扮演什么角色。

G同学：我们跟老人初次见面时可以带点小礼物，借着这个话匣子容易打开。我们可以请D同学表姐给个建议，看看带什么样的礼物好。

作为准备行动的一部分，经D同学邀请，其表姐来到学校给小组同学做了一次概要性的培训。为表示尊重和支持，梅老师还邀请了学校副校长跟表姐见面，并当面表达了对其支持学校工作的谢意！

落实第三次讨论会上的讨论结果，D同学请每位同学罗列一两条关于跟老人初次见面如何打招呼、说些什么话和提些什么问题的建议，然后汇总起来列出一个清单，清单上的内容包括：

爷爷/奶奶，您好！怎么称呼您啊？

爷爷/奶奶，您身板很硬朗啊！您今年高寿啊？

爷爷/奶奶，您平常都喜欢做些什么啊？

跟老人们稍稍熟悉后，可以进一步问一些其他的问题。不过，像“您什么时候来敬老院的”这种问题，还是尽量不要问，除非老人自己主动说，因为这个问题对有些老人来说比较敏感，可能会勾起他们不愉快的回忆。

根据第三次讨论会上的建议，同学们搞了一次角色扮演活动，模拟和演练跟老年人如何沟通交流，借此查找沟通过程中可能存在的问题，以提前预防。

除了以上的准备外，小组还做了其他的一些准备工作。例如安全工作，学校离敬老院有两公里的距离，大家可以步行前往。梅老师提前带领学生走了一趟并交代了路上行走的注意事项。为防万一，梅老师决定每次都亲自带学生到敬老院去。

另外还有一些具体的准备工作，例如活动可能需要家长提供某些支持，包括请家长帮助孩子准备一些小礼物带到敬老院，请C同学的爸爸做好准备，给每位老人拍摄一张照片，其他家长如有可能可以配合C同学的爸爸等。

四、开展服务行动

做好服务准备后，就要进入敬老院开展具体的服务行动了。实际上在第三次讨论会上确定下来的服务计划是整体计划，正式开展的服务活动共分三次进行，在整体计划之下，针对每次服务活动还要制订具体的服务安排或服务计划。

（一）第一次服务活动

针对第一次服务活动，组长D同学制订了一份活动计划表：

表 6-1　第一次活动计划表

活动时间	× 月 × 日（周五）下午
参加人员	梅老师，A、B、C、D、E、F、G 同学
活动内容	1. 跟敬老院负责人员做好对接 2. 根据负责人安排，两两分组参与服务老年人的日常工作 3. 陪老年人聊天
注意事项	1. 每位同学都注意做好服务记录 2. C 同学负责拍照、录像

根据活动安排，梅老师周五下午带领同学们第一次来到颐养院。今天的工作主要是帮助护理人员做好平常工作，同学们两两一组被指派给某位或几位护理人员，梅老师也作为成员参与其中。护理工作并不轻松，也带有相当的专业性。同学们听护理人员的安排做些具体的工作，例如打扫卫生、整理床铺及生活用品，推行动不便的老人坐轮椅到户外散步。在这个过程中，护理人员一边手把手指导，一边讲解注意事项。到了吃饭的时间，大家就跟着负责分饭的管理员帮助老人们就餐。有些老人因为年龄很高，饮食不能自理，同学们就在护理员的帮助下，学着认真耐心地给老年人喂饭。

在这个过程中，护理人员把同学们介绍给老人，同学们也把带来的礼物例如水果、点心和生活日用品送给老人表示慰问，老人们显得很开心。初次跟老年人见面，虽然之前做了一些准备和演练工作，但有些同学还是有些拘谨。但随着服务活动的进行，同学们的拘谨心理也就很快放下来了，他们开始和一些老人聊天，拉起了家常。

不知不觉一下午的时间过去了，第一次服务活动结束了。大家跟老人们约定好了隔周再来。在回程路上，同学们兴奋地谈论着这次服务的所见所感所思，组长 D 同学要求每个成员回去后都填写一份“行动记录表”上交。

表 6–2　行动记录表

记录人	
行动时间和地点	
今天做了什么？	
今天发生了什么事情？	
今天有哪些收获和体验？	
是否有需要改进之处？	
下一步的行动建议和想法	

（二）第二次服务活动

隔周后，梅老师带领同学们第二次来到颐养院，组长 D 同学针对这次服务活动制订了一份新的活动计划表：

表 6–3　第二次活动计划表

活动时间	× 月 × 日（周五）下午
参加人员	梅老师，A、B、C、D、E、F、G 同学
活动内容	1. 继续跟随护理人员做一些护理工作 2. 陪老年人聊天谈心，做口述记录 3. 询问老年人的健康状况和医疗保健需要，并做好记录 4. 就下一次活动预想跟敬老院负责人和老人们协商
注意事项	1. 每位同学都注意做好服务记录 2. C 同学负责拍照、录像

第二次来到敬老院，同学们不再有拘谨心理。他们把本次活动计划表给对接的院方负责人看。考虑到时间有限，院方负责人建议把参与护理的工作量压缩，只是在用餐时帮助身体不便的老人喂饭就可以了，节约出的时间多陪老人聊天。不过，负责人提醒说，每个老年人的身体状

况和心理状况都不一样，聊天过程中要注意观察老人的反应：有的老人喜欢安静和独处，如果他们不喜欢聊天，就不要勉强；有的老人身体状况不佳，因此跟他们聊天的时间不宜过长；有的老人身体好，谈兴浓，可以跟他们多聊一会儿。负责人的提醒非常有必要，因为在之后跟老人们聊天的过程中，负责人提到的几种情况都出现过。不过，大部分老人的聊天热情较高。

同学们跟负责人沟通了下次再来时的活动想法。他们计划给每位老人拍一张照片，想办一个“读诗会”，想办一个体育游戏运动会，想为老年人表演一些节目。负责人很赞赏同学们的想法，但考虑到只有一下午的时间，建议活动不宜过多。经过跟负责人协商，同学们决定把活动精简，因为给每个老人拍照比较耗时耗力，所以这项活动就取消了，其他活动的构想被合并起来，变成一项跟老人一起联欢的活动，活动内容包括朗诵诗歌、表演文艺节目和请老年人表演、讲授他们儿时做的游戏。负责人笑着说，敬老院里藏龙卧虎，很多老人都有特长，他建议同学们跟老人聊天时听听老人们对联欢活动的想法，询问他们愿意参加什么项目。

以前同学们都认为进敬老院的老人都是孤寡，是出于无奈才进敬老院的，但聊天访谈改变了同学们对敬老院的这种刻板认识。在聊天中得知，有些老人是主动进敬老院的，他们个人经济条件不错，有的是退休教师、公务员、工程师等，他们之所以住进敬老院，就是觉得在敬老院可以与同龄人聊天，同时也可以减少子女的负担，甚至他们中还有夫妻二人一起进来的。另有一部分老人是由于一些不得已的原因，有的是因为无儿无女，有的是子女实在无暇照顾，甚至聊天中还得知有位老大爷儿女好几个，但都不愿意赡养老人，就把他送到这里来，平时儿女孙辈们也几乎不来探望，“就是盼着我早死！”老人家说到这里眼眶红红的。同学们听了心里也很不是滋味。“您就把我们当成自己的孙子孙女，大爷，以后我们还会经常来看您！”快言快语的组长 D 同学连忙安慰老人，老人听了很是开心。虽然老人们来敬老院的原因各异，但适应过后，在敬老院这个大家庭中，大家过得都比较舒心。

同学们边跟老人聊天边做口述记录，同时了解他们的健康状况及医疗保健需要。他们发现，老人们的人生或平淡或非凡，但都有着丰富的生活阅历，听老人讲自己的人生故事和感悟是很有意思的事情。其中几位老人还是革命功臣呢！有一位老人年纪不算太大，身板还硬朗，他是自愿到敬老院来的。通过聊天得知，老人曾参加过某边境自卫反击战，当时担任坦克排的排长。同学们兴趣高昂，纷纷请老人讲一下战斗故事，“好好好，”老人兴致很高，“2 号院有一位我的老战友，当时任团部作战参谋，我们到他那里去，大家一起讲。”“……排炮过后，坦克群轰隆隆前进，非常壮观……”两位老人谈兴很浓，似乎又回到了当年金戈铁马的战斗岁月。

在征求老人同意的前提下，在部分访谈中，同学们还用录音笔录了音。实际上，不但学生关心和服务老人，老人何尝不是关心学生呢！他们看到学生来也很高兴，关切地询问学生的生活和学习情况，同学们也会把学校里发生的事情讲给老人听。

聊天时同学们也将下次联欢活动的构想跟老人们进行了沟通，绝大部分老人都很支持，很多人表示愿意参加，同学们把老人们的建议和想要参与的活动项目做了记录。

一上午的活动结束了，回程路上，同学们畅谈今天的活动体会，他们都觉得今天过得很充实很有意义。组长 D 同学同样要求每个成员这次回去后都填写一份“行动记录表”上交。

（三）第三次服务活动

梅老师带领同学们第三次也是最后一次来到颐养院。针对这次活动，组长 D 同学再次制订了一份活动计划表：

表 6-4 第三次活动计划表

活动时间	× 月 × 日（周五）下午
参加人员	梅老师，A、B、C、D、E、F、G 同学
活动内容	举办跨代联欢活动 .
注意事项	1. 每位同学都注意做好服务记录 2. C 同学负责拍照、录像

这次的活动内容就是和老年人一起举行一次联欢活动。之前七位同学包括梅老师都没有组织设计这类活动的经验，因此设计这场活动对同学们来说挑战很大。为了办好活动，梅老师和同学们做了较为充分的准备工作。他们和敬老院负责人沟通，请敬老院提供场地并统计老年人要参与的项目，院方也提出了相应的建议和要求。组织这场活动仅仅靠七位同学和梅老师显得力量比较单薄，于是他们向学校寻求支持。学校领导对同学们的活动设计非常赞赏和支持，协商邀请音乐老师和信息技术老师提供专业支持。有了学校和老师的支持，同学们对举办好这次联欢活动充满了信心。

实际上，在周五之前，梅老师还带同学们来过一次敬老院，主要是做了一些简单的场地布置并和院方负责人就细节问题做了一些沟通。

联欢活动正式开始了，向仁中学的校长和颐养院院长也参加了这次活动。敬老院里有一位退休的文艺工作者，有较为丰富的主持经验，同学们特邀她来做活动主持，同时也推选出 E 同学来参与主持。活动共分三部分，分别是诗文朗诵、文艺表演、传统体育游戏表演。每个活动环节都有老年人参与，同学们自己每人也都准备了小节目，有的同学还准备了不止一个节目。

因为考虑到不宜让老年人过于劳累，所以联欢活动持续时间不长，节目数量也做了一定的控制，但活动还是出乎意料地成功。这是一次独特的跨代人相互接触的机会，在联欢会上，跨代人的隔阂似乎消失了。G

同学以坦克排排长为原型撰写了一首诗歌，朗诵的时候明显地感觉到坦克排排长非常动容。同学们对老年人表演的传统体育游戏非常感兴趣，这些游戏已经从当代青少年的生活中消失了，同学们跟着老人们学，玩得不亦乐乎。

联欢会结束了，整个服务活动也告完成。梅老师带领同学们跟院方和老人们告别，几次的服务活动让同学们和老人之间彼此有了感情，告别成了依依惜别。组长 D 同学依然请每个成员回去后都填写一份“行动记录表”上交。

五、反思服务经历

三次服务行动结束了，在接下来的综合实践活动课上，梅老师组织同学们进行了一次专门的总结交流会。总结交流的过程，本质上就是对服务活动进行细致反思的过程。在总结交流会或反思会上，记录材料和行动记录表等被摆在桌面上，所拍摄的视频和照片也在多媒体上播放，同学们在做反思陈述的时候，可以结合这些材料进行。

为了让反思活动更有组织性和效率，梅老师和 D 同学事先草拟了一个反思框架，同学们可以参考这个框架进行陈述：

表 6–5　反思框架

服务活动	我们做了什么？ 我们运用了什么样的知识和技能？ 所做的事情中哪些事最具有挑战性？ 所做的事情哪些地方可以改进？
服务他人	老年人对我们的服务满意吗？ 老年人从我们的服务中有哪些收获？ 如果老年人对我们的服务有不满意之处，那么不满意的原因可能是什么？
自我成长	在思想认识和情感上你有什么样的收获？ 在知识、技能和经验方面你具体学到了什么？ 你还有什么样的困惑？

反思会由D同学主持，D同学把这次社会服务活动做了整体概要性的回顾，然后先请大家各自发言，发言参考上述所列反思框架，但也不一定拘泥于框架一条条按顺序说，可以整合起来谈。因为有切身的服务经历和感受，同学们踊跃发言精神饱满：

A同学：在第一次服务活动中我跟着护理员陈阿姨学着打扫整理，照顾老人起居饮食，我之前从没有做过这些事，一上手觉得并不容易。打扫卫生还好，主要就是累点，但给老人喂饭就显得自己动作挺笨拙的，一开始挺担心老人会生气，但好在老人挺谅解我，陈阿姨在一旁也不断指导，并提醒我一些注意事项，慢慢地动作也不那么生硬了。第二次活动我主要是先后陪三位老人聊天，一开始还是有点担心没有话题聊，但后来证明这种担心是多余的，老人们谈兴很浓。聊天时有一个技巧，就是注意认真聆听，不要随意打断老人的话，让老人把一个故事或话题完整地说下去。他们讲的一些事情很有意思，我很愿意听。别看他们今天显得苍老平静，但年轻时也都曾意气风发，做过一些不平凡的事情。听了他们的故事后，我对他们肃然起敬，我把他们讲的故事记录下来了，我希望和更多的人一起分享。很惭愧，我以前从来没有跟自己的爷爷奶奶像这样正儿八经地聊过天，从没有认真地聆听和记录过他们的人生故事。我决定今年假期回乡下去看我的爷爷奶奶，认真坐下来跟他们聊聊天，听听他们的故事，也请他们讲讲他们上一辈的故事。我听爷爷讲过，他的父亲也就是我的太爷爷曾经是地主，也曾经是国民党的一个排长，参加过抗日战争，但我对太爷爷的了解也就仅止于此，他的人生细节我从来没有深究过。我要把这些故事记录下来，跟家族的人分享，这些故事也会传给下一代，一代代的故事累积起来，这就是家族的历史记忆。我觉得这些老人也很喜欢跟我们聊天，很喜欢给我们讲故事。人年纪越大，可能越喜欢回忆，越喜欢把自己的故事讲给其他人尤其是下一代人听。平常他们待在敬老院里，可能也很少有机会给年轻人讲，也可能他们的孙子孙女像我一样，从来没有坐下来耐心地认真听他们讲过。在联欢会上，我朗诵了一首诗歌，这对我来说也是一次独特奇妙的经历，从小学到高中，我从来没有上台朗诵过诗歌，像这样给老人朗诵诗歌，我不知道以后还会不会有这样的机会。诗歌是我自己精心挑选的，不瞒大家说，我把家里父亲关于诗词的藏书大概浏览了一遍才选的这首诗。如果让我总结一下我的收获，我觉得最大的收获就是我对社会有了具体的感知。平时在学校里，我总觉得社会离我们很遥远，总觉得社会是我们成人或工作后才会接触的东西，但现在我觉得，社会就在我们的身边，它等待着我们去关心和参与，我们也有责任关心和参与。我觉得这次社会服务活动特别有意义，看到自己所做的事能够真正地对他人有影响有意义，这让我觉得自己很充实，我从中也学到了很多。这真的是一次难得的学习机会。在这里，我们和不同的人打交道，从中我收获了做事的信心，也收获了跟人交际沟通的信心。作为一个公民，可能我们每个人都需要思考一个基本问题：怎样使这个社会变得更好？通过参加这次社会服务活动，我对这个问题有了明确的答案，那就是通过每个人的社会服务行动。

B 同学：……

六、展示和分享

同学们迫不及待地想把这次社会服务活动的成就和收获跟其他人共享，共享的方式就是进行展示和分享。在上次的总结交流会上，梅老师和同学们已经就展示和分享活动环节做了一些具体的讨论和计划安排。

围绕着展示和分享的需要，梅老师和小组成员主要做了以下准备：

第一，撰写一份社会服务活动总结报告，全体成员都参与报告的部分撰写，最后由 F 同学整理，报告要见诸学校的校刊；

第二，基于所撰写的报告，撰写一篇小文章投稿到当地媒体；

第三，基于对敬老院老人的健康状况和医疗保健需求的调查，撰写一份调查报告，报告可以反馈给敬老院和街道办相关部门；

第四，把对老年人的口述调查整理成册；

第五，把所有的口述史资料、报告、视频和图片等上传到校园网；

第六，搞一次专门的展示和分享活动。

在展示和庆祝会上，精选一些活动内容记录和照片放在展板上，设置展台，展台上摆放所有服务活动的成果材料，同学们负责给前来观看的学校师生介绍服务过程和体验。

开展这些展示和分享活动，目的不在于炫耀，而在于共享。共享又是为了邀请，通过共享，把社会服务的价值和意义真实地展现给参与展示和庆祝的人们，从而激发大家的好奇心和热情，进而能以自己的方式和行动也参与到社会服务中来。

作为展示和分享的一部分，梅老师建议同学们给敬老院写一封感谢信。怎么写感谢信大家集体讨论，最后由 E 同学执笔。信中主要讲了他们参加这次社会服务活动的体验感受和学习成果，对敬老院提供的支持表达谢意，并向敬老院的老人们致敬。学校对这次社会服务活动及其成果比较重视，也请同学们代表学校给敬老院写了一封感谢信，信中表达了对敬老院支持学校教育活动的赞赏，并表达了希望能继续加强合作的意愿。

第七章

职业体验：活动与课程

2017 年 9 月，我国教育部颁布《中小学综合实践活动课程指导纲要》，明确把“职业体验”作为中小学开展综合实践活动课程的四种活动方式之一。这可以说是我国中小学综合实践活动课程和职业体验本身在学校教育体系中的重要进展。它不仅表明，职业体验正式以国家课程的“身份”入驻校园，同时也是对职业体验活动作为课程在学校育人模式和育人成效方面价值的肯定。在此背景下，对职业体验展开进一步研究，就显得十分必要。

职业体验作为基础教育阶段学校课程的内容与实施方式，可以追溯到美国著名教育家约翰·杜威（John Dewey）在实验学校里的课程安排。这与他所提出的“主动作业（Active Occupation）”的课程形态密切相关。“主动作业”是在学校里开展的具有教育意义的各种社会职业活动，“主动的作业在教育之所以重要，在于它们可以代表社会的情境。人类基本的共同的事务集中于食、住、衣、家具以及与生产、交换和消费有联系的工具。这些东西代表生活的必需品和装饰品，这种事情接触到本能的深处；它们充满了具有社会性质的事实和原理。学校的园艺、纺织、木工、金工、烹饪等等活动，就是把上面所说的人类基本事务引用到学校课程中去。”[1] 杜威重视职业体验，是希望改变传统的学校育人模式，并进而改变育人的结果。

从学校育人模式的改变上来看，职业体验使学校成了一个雏形的社会，而学生获得了一个模拟社会真实生活和体验社会职业的学习环境。它改变了传统以课堂传授式为主的学习方式，这也就不难理解缘何职业体验成为“微型社会（Micro Society）”理论与实践的核心了。

1967 年，美国纽约布鲁克林一所公立学校的新老师乔治·里奇曼（George Richmond），为了让他那些五年级的学生对学习更有兴趣，将课堂变成了一个拥有模拟经济的微型社会。后来，他将这一概念扩展为一种称为“微型社会”的学校模型，并在 1973 年出版的著作《微型社会学校：现实世界》中记录了他的想法。“微型社会”理论的基本观点是：当

[1] 约翰·杜威：《民主主义与教育》，王承绪译，人民教育出版社，2001，第 216–217 页。

学生把学业与外部世界联系起来时，他们学得最好；实施“微型社会”学校模式的核心原则是：促进学生表达意见和自主选择，使学生能够边做边学，利用学生的创新精神，提供真实世界里的经验，使教师成为指导者，在教师和学生之间分享责任和权威，并让社区伙伴参与到活动中来。[1]

在里奇曼的“微型社会”学校里，会有许多儿童经营的企业，例如，一家由孩子们经营的制作贺卡的店铺，贺卡店开得很成功，以至于学生把贺卡卖给了社区里来自各行各业的顾客们；其他还有报纸店、漫画书制造厂、蜡烛店、爆米花店、邮局、银行，等等。“微型社会”除了提供给学生真实世界里的职业体验和培养学生的职业技能之外，还通过诸如学习记账提供给学生数学方面的指导，通过参与课堂教学提供社会研究方面的指导，通过报纸或文学杂志等各种商店的营销提供语言艺术方面的指导……[2]

2006年，这种学校模式已经扩展到美国40个州的250多所学校。这些学校由非营利组织“MICROSOCIETY（微型社会）”联合起来。虽然其中每一所学校都践行了微型社会的基本理念与核心原则，但每一所学校的教职工和学生在构建自己的“微型社会”时都具有创造性和灵活性。例如，位于华盛顿市的塔尔伯特希尔小学(Talbot Hill Elementary School)实施的“微型社会”是这样的：民主社会中的公民身份是这所“微型社会学校”的基石，在每一次的选举中，学生选出他们的学生政府，其中包括众议院（每个教室一名学生）；参议院（每个年级两名学生）；总统（主持众议院）和副总统（主持参议院）。一般在9月份“微型社会”项目开始后，教师会向学生介绍该校的学生政府结构，让他们参与关于公民身份、权利和责任的课堂讨论，并使他们熟悉选民登记过程。教师制

[1] Sheryl Dunton, “Building a MicroSociety,” Educational Leadership 63,no.8(May.2006):56–60.
[2] Stan Bennett, “The MicroSociety School: A Real World in Miniature By George Richmond,” *The School Review* 83, no.1(Nov.1974):171–176.

做好选民登记册，在休息期间提供给学生以报名参加投票。通常，大约有95%的学生会注册投票。10月份，候选人创建他们自己的竞选平台并开展活动，其余学生热情参与。通常，约有230名学生在初选中竞选公职。大选时，候选人会在社区会议上发表演说，亦会制作印有选民照片的选民手册，并在电视上连续播放竞选短片。竞选活动的时间框架与地方、州和联邦政府选举的时间表相吻合，允许学生将他们自己的经历与他们的父母联系起来，因为他们的父母可能正在参加成人世界的选举。

学生当选后，会每周召开一次会议。在学校各处都备有意见表以采集学生对“微型社会”法律的建议。就像美国政府一样，众议院和参议院审议草拟的法案，通过的任何法案都将提交总统进行签署或否决。比方说，有一些学生抱怨出售的产品被抄袭，并认为需要建立一个完整的法律体系来保护学生的产权。作为回应，学生政府成立了一个专利局，授予创造原创产品的企业专利权。又例如，一名学生抱怨他的邮件从设在图书馆的学生邮局的邮箱中消失了，学生政府随后通过一项法律，禁止打开其他学生的邮件或篡改电子邮箱。除此之外，学生扮演法官、律师和陪审团的角色，与违反“微型社会”法律的犯罪嫌疑人打交道。而学生如果要申请一份法官或律师的工作则必须通过律师考试，以证明他们拥有足够的专业知识储备；学生之间的所有案件都要经过法官调解，只有在调解失败的情况下才能进行审理。[1] 又例如，位于美国西南部的梅斯基特（Mesquite）学校实施“微型社会”的时间自1992年初创时起到2001年都是每周5天，一直持续几乎整个学年。虽然在2001学年结束时每周减少到4天，但其实施水平相对于其他许多学校来说仍是很高的——有些学校直到秋季才开始，而每周只运行3天。

在梅斯基特学校里，所有年级的孩子都参加了该项目。年龄较大的学生（4—6年级）是微型社会的实际运行者，而低年级的儿童只是“消费者”。他们通过定期上学和工作获得“微货币”作为“工资”，然后将

[1] Sheryl Dunton,“Building a MicroSociety,” Educational Leadership 63,no.8(May.2006):56-60.

“工资”的一部分返还给老师以支付租金、学费和税金，剩下的“钱”可以在市场上消费或者储蓄。市场每周只开放 2 天，而银行、法院和其他非市场企业则在剩下的 2 天里运营，参与市场投资的学生需要利用这段时间补充商品和计划开发新产品。他们也可以利用这段时间来处理私人事务，例如去银行或去法院办理个人业务等等。如果他们搞砸了在“微型社会”里的工作，会被扣掉“工资”或者失去一天的假期。而且，在每一年的前 8 周，孩子们可以重新选择他们的工作，也可以利用这段时间做团队建设，因此这段时间会成为学生的创业准备时期，比如制订商业计划并去银行为他们的企业申请贷款。[1]

可见，这样的模拟活动使学生生活在一个“仿真”的社会里，通过扮演各种职业角色而从事各种职业活动，拉近了学校与社会、课堂与生活的距离。研究表明，“微型社会”的运行促进了学生对于学术性课程的学习，这是因为“在这个过程中，教学与‘真实世界’的经历相适应，极大地激励着学生为了更好地使这个社会运行起来而努力学习相关的知识与技能。由于微型社会与常规课程相整合，学习基础知识对于学生来说就变得更加有趣而且有用。另一方面，学生在微型社会中承担各种任务，也为他们把在课堂中学到的概念运用到现实中去提供了机会。微型社会通过发展孩子们的多种智能，建立起自尊与进取的动机，从而回报孩子们以成功。概言之，微型社会提升了学习过程中的相关性、动机、真实体验以及成就感，从而促进了阅读、写作、数学等学术性课程的学习。”[2]

另一种不同于模拟社会情境中的职业体验，是让学生有机会进入

[1] Cary Cherniss and Daniel B Fishman, “The Mesquite ‘Micro Society’school: identifying organizational factors that facilitate successful adoption of an innovative program,” *Evaluation and Program Planning* 27, no.1(Feb.2001):80–81.

[2] Cary Cherniss and Daniel B Fishman, “The Mesquite ‘Micro Society’school: identifying organizational factors that facilitate successful adoption of an innovative program,” *Evaluation and Program Planning* 27,no.1(Feb.2004):81–82.

真实的职业场所进行职业方面的触及。到目前为止，不少国家已经将这种类型的职业体验作为学校教育的重要内容和学校课程体系的重要组成部分。例如，美国提倡中学使用基于工作（Work-based）和在工作场地（Worksite）的学习等方式开展生涯教育；[1] 英国的大部分学生在义务教育阶段都需要有至少一周的职业体验经历；[2] 法国在开展面向所有初、高中学生的“未来生涯”教育中，组织学生体验职场，在企业中观察、实习、开设课堂；[3] 德国在面向 7—9 年级学生开设的“劳动学”课程中也开展了企业侦察、企业实习等活动……[4] 所以，职业体验无论是作为学校的活动还是学校的课程，无论是在模拟情境中发生的还是在真实情境中发生的，其本质都是打破了学校和社会之间固有的壁垒，使学生的学习和发展更为全面。

如果说学校和社会之间固有壁垒的打破是学校育人模式在水平维度上的改变，那么在垂直维度上，将学生未来的发展与当下的学习挂钩，让其现在的学习为应对以后的种种不确定性而准备，也是杜威重视职业体验的初衷。他认为，只有通过“主动作业”才能发现学生个人的兴趣和能力倾向，而“只要生长在继续，能力和能力倾向的发展就是一个经常性的过程”，因此，“教育者应当格外注意，青年的职业准备就是使他们继续不断地重新组织目的和方法”。[5]

到 20 世纪 70 年代，美国时任教育总署署长的马兰德（Sidney P. Marland）提出了生涯教育思想，明确学校教育需指向学生的整个生涯发展。这当中，他指出要为学生提供职业体验（Work Experience）的机

[1] Cassandria Dortch,“Carl D. Perkins Career and Technical Education Act of 2006: Background and Performance,” accessed November20,2019,https://digital.library.unt.edu/ark:/67531/metadc813173/m2/1/high_res_d/R42863_2014Mar06.pdf.

[2] A. G. Watts, “Career Education for Young People: Rationale and Provision in the UK and Other European Countries,” *International Journal for Educational and Vocational Guidance*1, no.3(Oct.2001):213.

[3] 纪俊男：《法国："未来生涯”教育形成体系》，《上海教育》2018 年第 6 期。

[4] 杨光富：《国外中学学生指导制度历史演进》，华东师范大学出版社，2015，第 250 页。

[5] 约翰・杜威：《民主主义与教育》，王承绪译，人民教育出版社，2001，第 330 页。

会，[1] 以加强教育和职业的联系。[2] 马兰德的观点进一步明确了职业体验在学生的整个生涯发展中具有重要意义，它能让学生有机会“遇见未来的自己”，看到“诗和远方”。[3] 于是，职业体验又在学校的生涯教育中“扎根”下来。

在后续的学校生涯教育实践中，职业体验被进一步以游戏的方式开发成“真实性系列游戏（The Real Game Series）”课程，它更加关注年级的差异性，即针对学生不同的年龄和年级，旨在更好地为学生提供生涯指导，从而成了职业生涯指导课程的起源。

加拿大作家、教师比尔·巴里（Bill Barry）因为女儿抱怨学校里学到的东西对她个人的职业梦想来说似乎并没有什么帮助或关联，由此巴里产生灵感并创造出了“真实性系列游戏”。这项游戏自 1994 年初次在纽芬兰的圣约翰学校进行试点以来，发展至今已有二十多年的历史，目前在加拿大、美国等国家的学校教育中得到了广泛的应用。[4] 加拿大的一半的学生，以及美国 3—12 年级超过 2.5 万个教室的学生正在通过这个创新游戏活动学习管理职业生涯。[5]

简单来说，“真实性系列游戏”就是让学生以沉浸在现实生活中的方式在课堂上围绕职业生涯管理的相关问题，在真实的成人情境中，学习和实践职业技能并做出生活方式的选择。它由六个独立的生涯游戏活动

[1] Sindny P. Marland: “Career Education,” Presentation before Session of the International Conference on Education,September 08,1971,accessed December 08, 2019,https://files.eric.ed.gov/fulltext/ED056203.pdf.

[2] Morgan V. Lewis et al, “High School Work Experience and Its Effects,” accessed December 08, 2019,https://files.eric.ed.gov/fulltext/ED227310.pdf.

[3] 陈铭宏：《职业体验：学生的“诗和远方”》，《成才与就业》2016 年第 5 期。

[4] Phil Jarvis and Joan Richardt,“The Real Game Series:Bringing Real Life to Career Development,” accessed December 08, 2019,https://files.eric.ed.gov/fulltext/ED446297.pdf.

[5] Phillip Jarvis, “ Educators Use Career Games to Teach Lifelong Career Management Skills” , Te chniques,vol.79,no.1(Jan.2004):34.

组成，其中1—5各阶段针对3—12年级的学生。[1]

阶段1：3—4年级

8—10岁的学生需要学习关于生活及工作的基本概念和词汇，扮演成人的角色创建社群，为自己和他人寻找工作，并作为城镇居民参与工作，从工作中享受职业带来的乐趣。学生将了解社区的价值、团队合作的乐趣和责任、基本就业能力和生活技能的重要性，以及教育选择、职业选择和生活选择之间的关联性。

阶段2：5—6年级

10—12岁的学生将进行一次融入全球经济的模拟之旅，借此提升学生对团队合作重要性的理解。他们将会扮演成人角色，且每个角色都有独特的个人历史，这些"成人"会组成公司来研究和开发国际项目，在项目结束时呈现给"观众"。通过该游戏，学生在自身的语言艺术及社会研究能力方面得到提升；同时，他们会发现自己在任何社群都可能拥有多样的职业，并且会认识到每个人的工作都很重要。

阶段3：7—8年级

12—14岁的学生拥有更多机会去探索成人的现实生活，例如税收、生活消费、工作环境和突发情况等。学生在随机分配的职业角色中扮演成人角色，领会学校生活如何与职业选择相关联，从而与生活方式和收入相关联。通过深入研究他们扮演的角色，学生将学会如何管理时间和金钱，如何平衡自己的生活，并了解到参与社区生活和终身学习的价值。在游戏结束时，学生会意识到工作中的满足感是生活中需要优先考虑的一个问题，而这是他们通过做出适合自己的选择所获得的结果。

[1] Phillip Jarvis and Michael Gangitano, "The Real Game Series: Helping students imagine their future," in *Empowering the 21st Century Professional School Counselor*,ed. Jackie M. Allen(Iindianapolis: PRO–ED,2007),pp.5–8.

阶段 4：9—10 年级

14—16 岁的学生需要了解一个人的职业生涯如何通过日常选择与决策建立起来。从童年开始，它涵盖生活的各个方面，包括家庭、朋友、教育、休闲和生活方式选择，社区参与以及应对不断变化的劳动力市场状况。由于他们在各种就业、失业和家庭环境中扮演经验丰富的成年人角色，学生将因此深入探讨通用能力、自我认知、终身学习和职业规划的重要性。在体验了数十种职业的基础上，学生开始初步规划自身的未来并积极追求自己的梦想。

阶段 5：11—12 年级

学生在中学的最后几年将模拟从学校到工作的转变，学生学习如何从学校过渡到他们的职业目标。指导者为每个角色提供深入的现实信息，以便学生能够切实探索实现其目标的各种路径，包括高等教育、各种形式的在职培训、工作场所体验、实习或当学徒、服兵役、做志愿者和社区工作、自主创业等。当他们试图去追求个人的职业目标时，学生将学习如何规划时间、如何做出选择、如何确定目标、如何规划行动方案，并在面试中出色表现。

下面以加利福尼亚州伍德兰市利中学（Lee Middle School）的“真实性系列游戏”为例，来管窥这些课程的内容。利中的“真实性系列游戏”从让学生选择自己理想的未来生活方式开始：他们可以自由选择理想的住房、交通、娱乐、旅行、养宠物等任何生活方式。一开始的时候，他们不必考虑这些生活方式所需要承担的费用。随后，学生会被随机从一组角色档案中分配一个职业。这些角色档案里包含了社区中人们所期望的任何一种工作角色的基本信息——每个月的总收入，通常的假期津贴，教育或工作经验要求，所需要的证书、专业技能以及对工作岗位的描述。学生则需要在游戏期间扮演这些具有特定职业的成人角色，并作为指定职业的“专家”进入不同的现实生活场景中去。通过“见面和打招呼”

这一场景——例如高中同学聚会，游戏参与者们会遇到“老同学”并需要回答他们的问题，“你现在在做什么？”为了真实扮演好这个角色，他们需要通过进一步研究，并发挥自己的想象力来向其他学生介绍自己所扮演的角色并回答有关“自己”职业的问题。这些，仅仅是游戏的开始，随后的其他活动将帮助学生了解不同职业的工作要求和经济状况。学生要结合自己选择的住房和交通方式等情况，弄清楚如何像父母一样维持生计——他们必须要平衡每月的预算。不过，由于“职业”不同，工资差异较大，某些学生需要做出艰难的抉择，即通过调整自己的预算，例如换一所面积较小的房子、便宜一点的汽车，或是取消自己的度假计划等，来缩减自己的开支。

所以，随着学生在“真实性系列游戏”课程中的进步，他们开始以其从未想象过的方式理解并欣赏成人生活的复杂性，他们会仔细研究自己希望的成年生活的样子，并真正开始在今天的学校学习和明天的工作及生活之间建立联系。[1]

再看眼下，未来已来。一方面全球化、知识经济和信息技术的突飞猛进不仅是当今显著的时代特征，更是未来的时代特征。这样的时代相比以前更是充满了不确定性，包括社会上各种职业的兴盛与消逝。这样的时代中，学校所关注的已经既不是“内部有效性”——校内资源的有效配置，也不是“交互有效性”——利益相关者的满意度，而是“未来有效性”，即当前所培养的学生能否很好地在未来的世界中生存与发展。[2] 另一方面我们也看到，学生对于未来专业或职业方向的选择不但是其整个生涯的起点，也是涉及他们今后整个人生生活满意度的重要事件——一个人的

[1] Phillip Jarvis and Michael Gangitano, “The Real Game Series: Helping students imagine their future,” in *Empowering the 21st Century Professional School Counselor*,ed. Jackie M. Allen(Iindianapolis: PRO-ED,2007),pp.5-8.

[2] Yin Cheong Cheng, “Future developments of educational research in the Asia-Pacific Region: Paradigm shifts, reforms, and practice,” Educational Research for Policy and Practice6, no2(2007):71-85.

职业生活不仅仅是维持生存的需要，更是追求更高层次的自我满足和价值实现的需要。所以，加强学生的职业体验对于其个人发展有着独特的意义。

近十年来，国内对于职业体验的关注也是不断升温，从知网关于职业体验的研究文献数量中可见一斑——2019 年的文献数量几乎是 2009 年的 10 倍。同时，社会上有越来越多的人员和机构开始探寻让学生拥有更多更好的与职业“际遇”的机会，近年来国内各种儿童职业体验馆不断涌现就是例证之一。自 2008 年杭州“Do 都城”开业以来，儿童职业体验行业在中国大陆已经不再是一个鲜为人知的概念。并且，职业体验活动也开始逐渐进入学校教育的视野，进入学校课程与教学的范畴之中，例如一些学校尝试开展了“跟着父母去上班”的主题实践活动，在校内外耕种田地、收获成果，组织售卖各种物品的“集市”……上海市更是从 2014 年开始形成了全市层面的学生“职业体验日”机制，由上海市教委联合各职业院校开放实训中心，开展全市中小学生的学生职业体验日活动，即让全市中小学生主动“走进一所学校、体验一个项目、了解一门职业、感受一种文化”，为学生提供多元学习平台，启发学生的职业意识，培养学生的职业兴趣，为学生将来的职业生涯做准备。[1] 在新高考制度试点之后，浙江省和上海市的一些普通高中也把职业体验作为实施学校生涯教育的重要组成部分，以帮助学生更好地探索职业世界、形成职业和专业方向。

将职业体验纳入中小学综合实践活动课程的四种活动方式之一，是新《指导纲要》的一项重要内容。因此在实践领域，当前“职业体验”与其他三种活动方式——“考察探究”“社会服务”和“设计制作”相比，其境况略有不同——后三者与自 2001 年起在国内中小学所开展的综合实践活动课程更有一致性。《指导纲要》出台之前，中小学的综合实践活动课程主要基于以下几大指定性内容领域：研究性学习、社区服务与

[1] 周维红、刘慧、陈旭：《体验学习视角下上海市学生职业体验日的经验及启示》，《当代职业教育》2016 年第 12 期。

社会实践、劳动与技术教育以及信息技术教育。然而,《指导纲要》里没有出现内容领域的范畴,而以活动方式取而代之。如果具体看它们之间的关系,我们可以发现:“研究性学习”领域的活动与考察探究活动相近,“社区服务与社会实践”领域的活动跟社会服务活动相近,“劳动与技术教育”以及“信息技术教育”领域的活动则接近于设计制作活动。也就是说,在之前的中小学综合实践活动课程开发与实施实践中,凸显“职业体验”视角、明确以“职业体验”的活动方式来组织开展的相对较少。那么,这一方面给新时代背景下学校贯彻落实《指导纲要》、创造性地开发与实施综合实践活动课程提供了新的空间与思路,另一方面也要求我们必须对职业体验这种活动方式有一个更为深入的探索和理解。

下编 职业体验

第八章

职业体验的内涵解读

虽然职业体验在学校教育中已经以活动或者课程的形式存在着，但是我们对于职业体验本身的理解恐怕并不全面，尤其是在不断变革的社会发展进程之中。如果要以《指导纲要》所提出的职业体验活动方式来实施中小学的综合实践活动课程，就必须有对职业体验这一活动方式的深度理解与把握。

把握职业体验活动方式，其前提在于理解职业体验的内涵；而对职业体验的理解，则需要理解“职业”和“体验”的内涵为基础。将职业体验解读为一种特定的学习方式，对于明确该活动方式在综合实践活动课程中的地位与价值有着积极的意义。

一、对“职业”的理解

（一）有狭义与广义两个层面的内涵

对于职业，一般来说可以从广义和狭义两个层面界定其内涵。通常人们对于职业的理解更多是从狭义上来讲的，即把职业理解为“个人在社会中所从事的作为主要生活来源的工作”[1]。对职业内涵的狭义理解相对单纯，它强调职业作为一种谋生的手段来满足个人基础需求的特性，因为职业可以提供金钱收入以满足这些需求。所以，狭义的职业界定侧重职业对于个人发展的意义。

如果从广义上来讲，职业则是我们利用自己所学的知识和技能，从事一种可以为社会创造经济价值、精神价值，并从社会中获取物质及精神补偿的活动。这里，“职”有“责任、职务”的意思，“业”就是“行业”。职业不仅反映了个人从事的概念，也反映了个人从事职业作为一种社会性的活动对社会的价值。[2] 其实，对于职业的广义理解，美国著名教育家杜威（John Dewey）曾经有过精辟的阐述：“职业就是指向他人提供各

[1] 中国社会科学院语言研究所词典编辑室：《现代汉语词典（第 7 版）》，商务印书馆，2016，第 1683 页。
[2] 黄天中：《生涯体验——生涯发展与规划》，高等教育出版社，2015，第 279 页。

种形式的服务，为实现结果而运用个人力量的连续不断的活动。”[1] “职业是对人生活动的指导，由于这些活动会产生结果，对其他人也有益处，因而具有外在的可见的意义。……作为一个具体的术语，职业意味着连续性，它不仅包含专业性和事务性的职业，也包含任何类型的艺术才能、专门的科学能力以及实际的公民权的发展，更不用说动手操作或从事获利的事业了。”[2] 杜威对职业的这种全面界定，避免了人们通常将职业理解为纯粹和金钱挂钩而只考虑实用的倾向。这样的理解无疑对于个人的发展以及社会的发展都有着更加广泛的意义。正如他所指出的那样：“职业是唯一能够平衡个体与众不同的才能与他的社会服务之间关系的东西。发现一个人所适合的工作并使他有机会从事这个工作，这是开启幸福之门的钥匙。”[3]

可以说，从这个层面来看，职业不仅仅反映了个人从事某种活动，也反映了个人从事的职业作为一种社会性活动对社会的价值，因为通过职业每个人可以不只是享受工作乐趣，还能发挥潜能，履行社会角色，实现生活理想。由此，职业包含了社会和个人的两个维度，成了个人与社会之间联系的纽带——从社会维度来讲，个人在职业中所进行的劳动为社会的发展与进步提供了经济基础，人们从事各种各样的职业，其目的是为了满足他人各种各样的需求，而且不同类型的职业维系着这个社会不同事物之间的联系；在个人维度上，人们通过职业劳动获得收入以维持生存的需要是较低的层次，更为重要的，职业是个人整个生涯发展中的重要部分，它对一个人的生活质量有很大的影响。

所以，若是从广义上理解职业的内涵，那么职业发展及职业生活的成功应体现在个人与社会的双赢之上。我们也可以这样说，人们从事职业是为了实现自身的发展，而在人自身需求获得满足的同时，他们的职业活动也能使其周围的人获益，使整个社会获益。综合实践活动课程中

[1] 约翰·杜威：《杜威全集·中期著作（1899–1924）（第九卷）》，俞吾金、孔慧译，华东师范大学出版社，2012，第 254 页。
[2] 同上书，第 245–246 页。
[3] 同上书，第 246 页。

的“职业体验”，正是秉持了职业在个人维度和社会维度的这种平衡，才使得职业体验活动成为学校与社会连接的一个有形中介。

（二）职业种类在社会发展中变迁更替

社会职业类型很多，我们可以对它进行一定的分类，但是这种分类并不是一成不变的，它随着社会的发展而发生更替变迁。我国1999年出台的第一部《中华人民共和国职业分类大典》（下称《大典》）是从当时的实际出发，在充分考虑经济发展、科技进步和产业结构变化的基础上，按照工作性质同一性的基本原则，对我国社会职业进行了科学划分和归类，将其归为8个大类，并具体划分为1838个细类（职业），比较全面客观地反映了当时我国的社会职业结构状况，突出了职业应有的社会性、目的性、规范性、稳定性和群体性特征，对各个职业的定义和工作活动内容及范围做了客观的描述。[1]进入21世纪以后，随着改革开放的深化，职业的数量和种类都发生了巨大的变化。2015年，我国公布了新修订的《中华人民共和国职业分类大典》，将职业分为8个大类、75个中类、434个小类、1481个职业。与1999年版《大典》相比，维持8个大类不变，增加了9个中类和21个小类，减少了205个职业，取消了342个“其他”余类职业。[2]

从我国职业分类的修订来看，职业的变迁与发展是随着社会经济的发展而变化的。随着生产水平的不断提高，过去的许多技术和手艺不再需要，逐渐被机器所取代。因此，在社会的发展过程中，不少传统职业的工作者纷纷转行，一些传统的职业在不断地减少、消失。例如，在计划经济时期，中国社会一直有人专门负责发放粮、油、布等生活用品的票证，而这些票证的管理员也是当年计划经济体制之下令人羡慕的职业。在改革开放的背景下，市场经济的繁荣和商品流通的迅速发展，使这些

[1] 国家职业分类大典和职业资格工作委员会：《中华人民共和国职业分类大典》，中国劳动社会保障出版社，1999，第1页。

[2] 国家职业分类大典和职业资格工作委员会：《中华人民共和国职业分类大典》，中国人力资源和社会保障出版集团有限公司、中国劳动社会保障出版社、中国人事出版社，2015，第7页。

票证失去了价值，相关的职业也随之消失了。又例如，以前穿梭在街头巷尾的各种手艺人，像补锅匠、修鞋匠、烧水工，随着人们生活水平的提高，这些职业也在生活中不断减少；同时随着科技的迅猛发展，随着手机的普及，曾经还是新兴职业的寻呼机传呼员早已不见踪迹……

与传统职业消亡相伴随的是新兴职业的产生与发展。新涌现出来的大批职业主要集中在第一、第二产业的高新技术产业和蓬勃发展的第三产业。从分布情况来看，新职业主要分布于基因和转基因工程、遗传工程、生态农业、生化试验等高新技术领域；加工中心、环境监测、计算机辅助设计、计算机辅助制造、纳米材料生产等领域也涌现出大批新职业；而新职业分布最广的是在社会服务领域。我国未来大量的新产业将会在第三产业产生，既可能是全新的社会群体性工作，也可能是那些由于技术更新、原有的职业内涵发生了较大变化而使从业方式也发生了质的变化的“更新职业”。[1]

我国近年来的职业变迁，表现出两个特点：一是职业分类越来越细，越来越专业。例如，银行职员这个职业有了更进一步的划分，更加专业化，出现了资金结算人员、清算人员等一些过去没有的职业。二是职业的标准化程度提高，日益与国际职业发展接轨。比如，我们把以前的供销员改为市场营销员；企业和公司负责人也不再笼统地称为厂长或经理，而演变出不同层级的职业，比如董事长、总经理（总裁）、总监、部门经理、项目经理、企业文化师、企业信息师、企业策划师等。[2] 同时，互联网的发展更是促进了更多新兴职业的诞生，淘宝店主是伴随着电子商务而产生的新职业从业人员，网络主播作为互联网经济的产物之一，也同样受到热捧。

职业种类在社会发展进程中的变迁，至少可以让我们认识到两点：第一，学生在未来需要从浩如烟海的职业种类中选择从事适当的职业；第二，他们需要面对职业种类快速更替的现实——因为某种在他学生时代

[1] 郝幸田、姚春生:《职业变迁，紧随改革开放脚步》,《中国教育报》2008 年 5 月 29 日第 11 版。
[2] 郝幸田、姚春生：《走向新职业时代》，《中国教育报》2008 年 5 月 21 日第 8 版。

存在的职业，或许当他们走出学校步入社会之时，就已经不存在了；抑或者某种职业在他们的学生时代并不存在，而当他们走出学校步入社会之时却出现了。那么，他们应当如何选择、如何应对呢？通过中小学综合实践活动课程中的职业体验活动，是否可以让他们对此有所准备呢？

二、对“体验”的理解

（一）体验是一种超越性经验

体验作为一种超越性经验（the experience of transcendence），它与经验的区别在于：经验立足于客观世界、经验世界、表象世界，是对客观世界的反映，是对作用于环境的行动结果的反思；体验则立足于精神世界，立足于人、自然、社会（主体与客体）整体有机统一的“存在界”，是“意义”的构建、“存在”的证明和价值的生成。不过，体验与经验并不对立，它赋予经验以个性意义。[1] 因此，体验具有以下特征：

（1）体验的情感性。这是指体验产生情感，也就是说，对某物有体验，必然伴随对之产生某种情感。情感是体验的核心。

（2）体验的意义性。这是说体验是一种指向意义的活动，是主体确立自身意义世界以获得自我确立地位的保证。

（3）体验的主体性。这是强调体验是主体与客观世界发生关联最直接的方式与途径，没有主体的认知、实践和情感投入，体验也就无从谈起。

（4）体验的亲历性。体验的主体性同时也意味着体验的亲历性，不亲身经历体验的过程，主体是不可能形成某种体验的。

体验是感性与理性的统一。体验作为主体的一种反思判断和价值判断能力，极注重一种超越意向，力图使存在的本原意义展示出来，体悟自然、宇宙、社会和人生的玄妙。所以，体验不仅是主体的一种内心生活，也是一种对象的意向性交流。[2]

---

[1] 张华：《经验课程论》，上海教育出版社，2001，第 251–255 页。
[2] 黄天中主编《生涯体验——生涯发展与规划》，高等教育出版社，2015，第 37 页。

杜威曾说："教育是在经验中、由于经验和为着经验的一种发展过程。"[1] 中小学综合实践活动课程的职业体验活动，关注如何基于学生的经验并使之作为一个有机的整体而达成"超越"，这是始终需要关注的问题。在这里，知识与身体、知识与情感、知识与活动的本原关系将得到恢复。

（二）体验是一种学习方式

1. 体验式学习区别于传统式学习

体验与学习是密不可分的。通过体验，在体验中获得体会，对每一个学习者来说，都是一种最基本与最自然的学习方式。人类最开始学习的方式就是体验，在认识自然、改造自然的过程中人类都是以一种亲身体验的方式来获得关于世界的认知，由此推动社会的发展。

我们在这里将体验作为一种学习方式，是指有着一定理论基础，并被总结为一种现代学习方式的体验式学习。黄天中博士曾针对体验式学习和传统式学习的区别做过一个分析表[2]。

表 7–1　体验式学习与传统式学习的区别

基本元素	体验式学习	传统式学习
学习内容	即时的感觉；内容和过程	过去的知识；内容为本
学习单元	团队或个人学习	个人自主学习
学习重点	关注态度、观念、能力学习	注重知识、技能学习
学习角色	投入、参与、互动，学习者高度互动	听、记、考试，学习者被动而非主动
学习主体	教师与学习者双主体，且以学习者为主	教师
学习特色	个性化、现实化	标准化、理论化
学习环境	轻松、不重身份、鼓励、非固定化	限制性、强调身份、固定化
学习过程	提供体验环境、具有高峰体验	单向沟通、单一刺激
学习态度	接纳、欢迎、尊重、诚实	功利、歧视、强制、虚伪
学习效果	素质培养，提升能力，学以致用，迎接挑战	高分低能，畸形低效，学用脱节，得不偿失

[1] 约翰·杜威:《我们怎样思维·经验与教育》，姜文闵译，人民教育出版社，2005，第 250 页。
[2] 黄天中主编《生涯体验——生涯发展与规划》，高等教育出版社，2010，第 51 页。

从表格中我们可以看出，体验式学习和传统式学习在学习重点、学习主体、学习态度、学习效果等方面具有比较明显的区别。体验式学习者通过亲身参与到体验的环境中，实地体验并亲自解决其中所遇到的问题，例如求职面试，掌握再多的求职面试技巧和礼仪方面的知识，还不如实际参加一个模拟招聘或者亲身经历一个面试考验的体会来得深刻。

所以，体验式学习试图让学生“亲身”在真实的问题情境中尝试行动，从而使知识与身体的关系得到恢复；试图让学习项目本身有意义，让学生拥有求知热情，让学生成为主动参与者，从而使知识与情感的关系得到恢复；试图让学生处于探究、发现，类似于“游戏”的过程之中，从而使知识与活动的关系得到恢复。在综合实践活动课程的职业体验活动中，思考如何实现“知识与身体”“知识与情感”以及“知识与活动”三对关系的恢复，与深入理解体验式学习的相关理论从而把握其内在实质有着重要的关联。

2. 体验式学习有着深厚的思想渊源

体验式学习的相关思想主要来源于约翰·杜威（John Dewey）、库特·勒温（Kurt Lewin）、让·皮亚杰（Jean Piaget）以及大卫·库伯（David A. Kolb）等人的理论。

（1）约翰·杜威（John Dewey）的“经验学习”

杜威的“经验学习”理论是体验式学习思想的最初的灵感来源。杜威是实用主义哲学的代表人物，“经验”是实用主义哲学的核心概念。杜威摒弃了理性主义和经验主义的两极化，把“经验与教育”相结合，从“经验”这一核心概念出发，认为教育就是经验的不断改造或改组。在杜威看来，教育即生活，生活和经验是教育的灵魂。脱离活生生的生活和经验，儿童就无法持续地发展。

杜威指出，经验具有连续性，“估量一个经验的价值的标准在于能否认识经验所引起的种种关系或连续性”[1]。每一种经验都不是独立存在的，

[1] 约翰·杜威：《民主主义与教育》，王承绪译，人民教育出版社，2001，第 154 页。

它一定是从之前的经验中继承些东西，又以某种方式影响着后继的经验。经验的连续性原则使人们在生活情境中获得的经验产生前后联结，人们在前一个情境中获得的知识与技能会产生迁移性意义，能为处理或解决下一个情境问题提供有益的借鉴或参考。正是在经验的前后联结中，人们的经验不断生产、改造与产生意义。

经验也具有交互性，任何经验都是产生于客观条件与内在条件的相互作用之下。也就是说，经验是在人们与其所处的自然情境与社会情境的不间断互动交流中产生与展开的。“情境和交互作用这两个概念是互不可分的。”[1] 在杜威的哲学理论中，“情境”是非常重要的概念，它能激发学生的学习兴趣和问题意识。“经验”的连续性原则与交互性原则会在情境交替中相互制约、相互结合，使得“经验”不断生长，从而构成经验的教育意义，使得人们“从经验中学习”。

杜威基于“经验”的连续性和交互性原则，进一步提出“从做中学，从经验中学”的教学思想。杜威强调儿童亲自参与活动的重要性，认为儿童可以从亲历的活动中、从与他人的互动中发现问题，并在探究问题、尝试解决问题的过程中促进其经验的生长。这样，个体要获得真知，就必须运用、交流、尝试、互动、改造，必须去“做”，在“做”的过程中获得经验。而在“做”的过程中，思维或反思是使得经验产生意义的一个极其重要、关键的因素。没有某种思维的因素便不可能产生有意义的经验，[2] 杜威指出，第一，要提供给学生一个真实的情境，催发思维的产生；第二，学生要在情境中确定所存在的问题，以刺激思维的展开；第三，学生要收集资料，通过必要的观察以考虑解决问题的方案；第四，学生要做出假设并拟定问题解决的方法与步骤；第五，学生要通过行动来检验其假设，使其意义明确。这便是杜威经典的“思维五步法”。

通过情境让学生主动“做”，通过“做”丰富学生的经验，通过“反

[1] 约翰·杜威：《我们怎样思维·经验与教育》，姜文敏译，人民教育出版社，1991，第267页。
[2] 约翰·杜威：《民主主义与教育》，王承绪译，人民教育出版社，2001，第158页。

思”使得经验具备意义，最终促进学习者的发展。

杜威的经验主义哲学消融了主体与客体、精神与物质、思维与存在、个体与社会等传统的二元对立，主张个体在客观世界中要积极主动地去行动、去探索，善于运用反省性思维来解决问题，并在与环境的交互作用过程中获得经验的生长，形成理智的认识，收获情感体验，提升能力。这为职业体验活动提供了思想借鉴，即要注重学生的生活及其所处的环境，重视通过创设多元的职业情境，使学生在与他人、与环境的互动中获得一定的经验，重视学生在体验过程中的情感、思维，引导学生进行反思与分享交流，进而促进学生经验的生长、素养的形成和人格的健康成长。

（2）库尔特·勒温（Kurt Lewin）“敏感性训练”中的学习

库尔特·勒温是美国社会心理学的创立者，他在 1946 年的群体领导动力训练中对研究者与受训者之间的偶然冲突做出了积极的反应，促成了新的训练方法——“敏感性训练”的诞生。这种方法侧重于营造参与式的民主氛围与一种富有生命力和创造力的环境。在这种环境中，个体成员通过对话与讨论来解决问题或做出决策。研究者最初的概念模型会与受训练者即时的具体经验相结合，在各方观点的碰撞、冲突中，个体成员的学习会被很大地促进。[1]

经过一系列的敏感性训练，勒温发现学习过程是一个不断循环的模式（如图 8–1），在不断的循环中，学习便产生了。研究者会以学习者的即时具体体验为出发点，提醒学习者对其自身体验的关注，并会在这个研究过程中观察与记录学习者的实践行为，通过对此行为的研究与分析，得出初步的结论。研究者再将自己的结论反馈给学习者，学习者将这些反馈与自身的体验感受相结合进行反思，判断两者一致的地方或者矛盾的地方，并尝试寻找原因，由此形成抽象化的概念或结论，继而应用到

[1] Clem Adelman, “Kurt Lewin and the Origins of Action Research,” Educational Action Research1, no.1(1993): 7–24.

新的实践情境中，获得新的体验。[1]

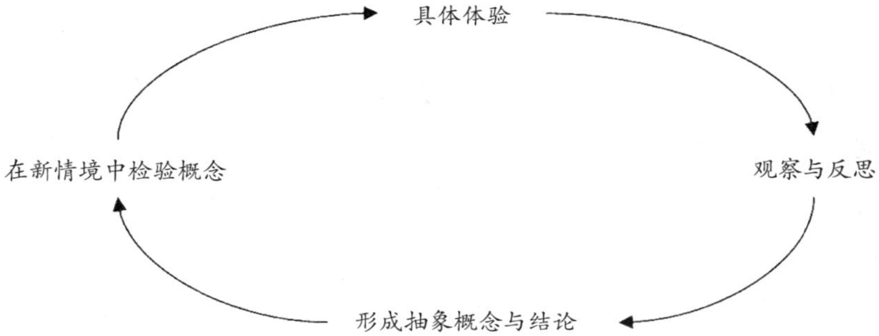

图 8-1　勒温的体验式学习模式

在这个循环圈中，具体体验是学习者得以反思的基础，通过反思所形成的新的概念与结论又会在新的环境中指导学习者的具体行为。整个学习过程中，学习者自身的体验感受和反馈的作用价值是勒温非常强调的。[2] 学习者在自身的体验感受和反馈的行为分析中不断寻找冲突的平衡点，进而形成正确的抽象概念。

在勒温发起的实验室培训过程中产生的经验与理论之间的冲突，为体验式学习提供了最为重要的两条发展线索：一个是价值观，另一个是技术。[3] 培训小组和实验室培训法将学习中个人的主观经验价值提升到了重要的高度，这实际上是对重视个人参与的存在主义价值观与强调情绪和思维重要性的人本主义价值观的强烈肯定。勒温的敏感训练研究还推动了体验式学习应用技术的蓬勃发展，各种各样的任务情境、结构式练习、模拟、个案、游戏、观察工具、角色扮演、日常技能实践等训练方法都是其具体应用。这些技术的应用原理便是创设一个个模拟的情境，

[1] Edgar H. Schein, "Kurt Lewin′s change theory in the field and in the classroom: Notes toward a model of managed learning," Systems Practice 9, no.1(1996):27–47.
[2] 库伯：《体验式学习：让体验成为学习与发展的源泉》，王灿明、朱水萍等译，华东师范大学出版社，2008，第 18 页。
[3]《皮亚杰教育论著选》，卢濬选译，人民教育出版社，1990，第 12 页。

在情境中学习者鲜活的个人经验得以产生，而个人经验又促进学习者的反思、质询和理解过程。

同样，勒温描述的学习模式对职业体验活动甚有启示：职业体验活动应关注学习者在生涯体验过程中的亲历性、自主性、情感性。职业体验活动不仅仅是传达就业信息、讲授就业策略和技能的教育，它更注重学习者在足够的职业情境中构建丰富的体验，因此在职业体验过程中更要注重学习者的反馈与反思。学生向同学、老师反馈自己的体验，同学和老师又会反馈自己的感受，这样的反馈会变成学习者加深理解与体悟的重要动力；而将反思形成的抽象概念在新的情境中进行应用检验又会使学习者获得更进一步的体悟。

（3）让·皮亚杰（Jean Piaget）的认知学习

皮亚杰是瑞士著名的儿童心理学家，“发生认识论”是其极具开创性与代表性的理论，这一理论向人们揭示了学习发生的内在机制。

皮亚杰认为，认识既不起因于一个有自我意识的主体，也不起因于业已形成的客体，而是主体与客体之间的相互作用。在主客体的相互作用中，主体的活动是这种相互作用产生的起点和基础，随后因语言与概念的介入从最初的“动作”慢慢变成了概念化思维活动。皮亚杰认为，这一认知发展过程是受同化、顺应和平衡三个基本过程影响的。[1] 根据皮亚杰的观点，“智慧”是在个体通过同化和顺化的方式来调整其认知图式以适应环境的过程中形成的。个体可以利用已有的认知图式来同化新事物或新观念，而当原有的认知图式在探究环境的过程中不能起作用时，个体便要根据新信息修改或调节或重新建立认知图式，以顺应环境的变化。个体也只有在同化与顺应的转换过程中才能实现认知上的平衡，进而表现出一种完满的智慧的“动作”。[2]

---

[1] 施良方：《学习论》，人民教育出版社，1994，第 172 页。

[2] David Henry Feldman, “Piaget's stages:The unfinished symphony of cognitive development,” *New Ideas in Psychology* 22,no.3(2004):175–231.

皮亚杰的认知学习模式描述了“智慧”是如何由经验形成的，在这一过程中，主体主观能动性的发挥则是经验形成的关键要点。这为强调学习是学习者主动与环境发生相互作用的体验式学习理论提供了科学的解释。从这一点来看，职业体验活动的目的并不是使学生掌握尽可能多的外部信息，而是促使学生在与环境的互动过程中去理解和处理问题，以获得新的认知与产生智慧的行动。只有关注到学生在职业体验过程中的心理活动机制，才能更好地引导学生发展。因此，职业体验活动不仅是要促成学生深入把握相关知识内容，更应该激发他们在与周边环境互动过程中的主观能动性，促使他们主动感知体验的过程和方法，意识到他们的体验过程是如何帮助他们获得新的认识与能力的。

（4）大卫·库伯（David A. Kolb）的学习圈模型

1984 年美国的心理学家、教育家大卫·库伯教授在梳理与提炼了约翰·杜威的经验主义哲学理论、库尔特·勒温的培训与组织发展理论以及让·皮亚杰的认知发展理论，并以跨学科的研究手段兼收并蓄心理学、哲学、生理学等学科的最新研究成果后，出版了他的第一部专著《体验式学习：让体验成为学习和发展的源泉（Experiential Learning：Experience as the Source of Learning and Development）》。库伯是“体验式学习”思想的集大成者，这本著作也奠定了“体验式学习”的理论基础，它被誉为“世界上第一部体验式学习理论专著”[1]。库伯在书中对体验式学习的含义做了完整诠释，并创造性地提出四阶段的“体验式学习圈”过程模型。“体验式学习圈”成为表达体验式学习本质的关键理论模型，在世界范围内被广泛应用于管理、培训与教育等领域。

库伯指出，学习是通过体验转化获得知识的过程，强调了“经验”在学习过程中所起的核心作用。体验式学习的强大力量在于以综合性的

[1] Russ Vince, “Behind and Beyond Kolb's Learning Cycle,” Journal of Management Education 22,no.3(1998):304–319.

视角提出了结合“经验、知觉、认知和行动”的学习观点。[1] 在库伯看来，体验式学习是终身学习的理论基础，在体验式学习中，学习首先是学生在某种特定的情境中，通过亲身经历和反思内省，不断提升自我概念和行动应用能力，形成积极的情感、态度和价值观的过程。这一过程搭建起了学生和“真实世界”之间的桥梁，增强了两者之间的联系，并促进了学生人格的升华。

库伯将人的学习过程描绘成四个阶段的循环延续，即具体体验（concrete experience）、反思观察（reflective observation）、抽象概括（abstract conceptualization）和行动应用（active experimentation）。[2] 这四个阶段构成了库伯著名的“体验式学习圈”（如图 8–2）。在体验式学习过程中，具体体验是学习者发现自己的经验背景、发生变革性学习的基础，也是反思观察的前提。接下来，作为参与者，学习个体可以在其所处的环境中通过反思观察，比较他们所掌握与理解的情况。由此，学习者可以形成基于反思的抽象概念，形成新的思想。最后，这些新的思想会被测试与检验。

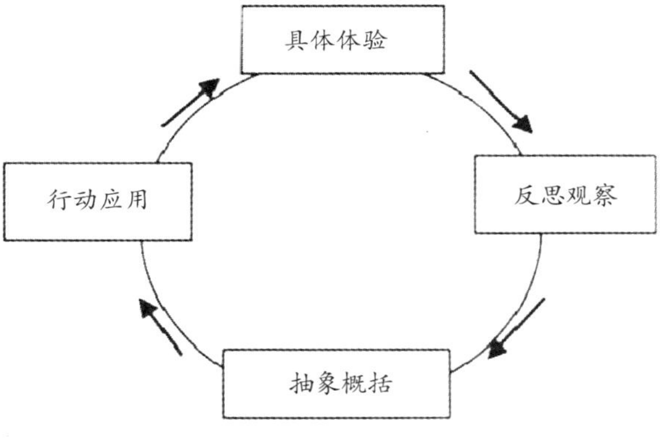

图 8–2　大卫·库伯的体验式学习圈

[1] Reijo Miettinen, “The concept of experiential learning and John Dewey's theory of reflective thought and action,” *International Journal of Lifelong Education*19,no.1(2000): 54–72.
[2] D.A. 库伯：《体验式学习——让体验成为学习与发展的源泉》，王灿明、朱水萍等译，华东师范大学出版社，2008，第 35 页。

在体验式学习圈的这四个阶段中，学习者经历了从感知者、观察者、思考者到实践者之间的角色转变，这反映出体验式学习本身要经历非常本性的紧张与冲突解决的过程，而正是在紧张地解决自身冲突的过程中实现了经验的获得与意义转换，也因此厘清了体验、学习和知识建构的内在关系。另外，需要注意的是，体验式学习圈不是一个单纯的“平面循环”，它继承了杜威实用主义哲学理论中经验连续性的思想，在四阶段的循环过程中，学习者不是从具体体验到行动应用之后又回到了原先的具体体验，而是进入了复杂程度更高的新的螺旋上升的循环，实现了学习者经验的改造与重组。从这个层面上讲，所有的体验式学习都是一个全新的学习过程。

库伯概括出了关于体验式学习的六大基本特征：第一，体验式学习是一种过程，而不是结果。学习是一个起源于体验并在体验下不断修正并获得观念的连续过程。教育不是“银行”，教学不是知识的存放，学习不是被动地接受、记忆和重复，学生只有通过质疑、实践才能成为主动发展的主体。第二，体验式学习是以体验为基础的持续过程。学生都是带着一定的经验进入学习情境的。面对这样的事实，作为一个教育者，他不仅要传递新的思想，更重要的是要处理或修正学生的原有经验。第三，体验式学习是运用辩证方法不断解决冲突的过程。在库伯看来，学习本身充满了紧张与冲突，学生既要积极体验，又要反思观察；既要经历具体体验，又要实现抽象概括。第四，体验式学习是一个适应世界的完整过程。第五，体验式学习是个体与环境之间连续不断的交互作用过程。传统教育断定学习是个体的内部过程，把学习局限于书本、教师和课堂，而体验式学习强调个人与环境关系的“交互作用”。第六，体验式学习是一个创造知识的过程。[1]

虽然库伯的学习理论既区别于偏重心理过程的传统认知理论，又区

[1] 库伯：《体验式学习——让体验成为学习与发展的源泉》，王灿明、朱水萍等译，华东大学出版社，2008 年，第 22-33 页。

别于忽视主观体验的行为主义学习理论，但库伯的动机不是批判性评估，不是发展另一种学习理论，而是试图构建一个有吸引力的思想集合，这个思想集合可以帮助我们解决这个时代的问题。[1] 因此，在职业体验活动中，结合库伯的“体验式学习圈”，可以把学生的“认知、行为和情感”整合在一起，促使学生在参与职业体验活动的过程中调动情绪态度，在反思内省中发展观察与想象能力，在主动应用中加深认知、锻炼能力、形成素养。

三、对“职业体验”的理解

（一）职业体验是非职业定向的劳动岗位锻炼

通常，职业体验是人们认识职业、了解职业的一种体验式学习活动，是指高职院校学生就学期间，在公司、工厂等进行的一定时间的职业劳动和生活体验活动，其目的在于使他们塑造职业意识，形成职业价值观、做出职业生涯规划以及获得职业机会。[2] 因此，很多时候职业体验是职业定向的。然而，中小学综合实践活动课程中的“职业体验”，是非职业定向的劳动岗位锻炼。

之所以说它是“非职业定向”的，是因为综合实践活动课程中的职业体验活动，并不直接将学生与职业进行匹配，而是旨在让学生感受职业生活，形成一定的积淀。再者，如前所述，学校中实施职业体验活动，是随着社会环境变化和学生选择的需求应运而生的。在过去的几十年里，尤其是近二十年以来，随着我国社会经济的发展和科技的进步，职业的更替速度加快，人们很少在职业生涯中只从事一份工作，他们可能需要在不同的职业中进行转换。因此，社会的发展就对人们的职业素养提出了更高的要求，人们从事一项职业不仅仅是技能的掌握，更重要的是素

[1] Reijo Miettinen, “The concept of experiential learning and John Dewey′s theory of reflective thought and action,” International Journal of Lifelong Education19,no.1(2000): 57.

[2] 刘奉越:《日本高职教育“就业体验”的特点及启示》,《江苏技术师范学院学报（职教通讯）》2009 年第 5 期。

养的全面提升。并且，科技的发展使未来社会的发展具有更多的不确定性，学校作为培养社会人才的场所，自觉承担起了这项任务，通过各种途径培养能够应对这种挑战的人，而不是应对某种特定职业的人。

说它是“劳动岗位锻炼”，则主要表明它是一种学生需要付出体力和脑力的、亲身经历的历练过程。正因如此，学生在职业体验活动之后，在情感态度价值观层面的发展不会逊色于其在认知层面的发展。现实中，很多学生到了高中阶段还是对自己的生涯规划相当不清晰，在填报大学专业的时候往往只是选择热门专业或是仅听从父母意见。进入大学以后，不少学生经过一段时间的专业学习后，发现所选专业与自己原来的设想有出入或是不感兴趣，从而选择转专业。这种现象的出现，一定程度上反映出他们在中小学时期与职业生活缺少交集，从而对社会上的一些职业和相应的职业生活既了解不够，也没有多少深刻的感受和体会。

《指导纲要》将职业体验作为四种活动方式之一提出来，可以说是顺应了社会发展和学校教育的需要，从政策文件角度弥补了这一空白。《指导纲要》把职业体验活动方式界定为：“学生在实际工作岗位上或模拟情境中见习、实习，体认职业角色的过程，如军训、学工、学农等，它注重让学生获得对职业生活的真切理解，发现自己的专长，培养职业兴趣，形成正确的劳动观念和人生志向，提升生涯规划能力。”因此，从《指导纲要》给出的定义来看，中小学实施职业体验活动的目的并不是侧重获得某种特定的职业知识或是职业技能，而是希望学生能够通过亲身参与，以职业角色、职业生活为突破口，增强个人的社会认知，培养一定的职业意识和职业情感，从而有助于其劳动意识的增强乃至对未来人生道路的思考。

（二）职业体验是学校的活动课程

综合实践活动课程中的职业体验，是作为学校的活动课程而存在的。活动课程是与学科课程迥然不同的课程形态。“‘活动课程’与‘学科课程’之关系反映了人的直接经验与间接经验、个人知识与学科知识、教材的心理经验与逻辑经验、儿童与学科诸多范畴之间的对立统一关系。”[1] 活动课程源于前文述及的杜威所倡导并实施的“主动作业（active occupation）”。作为复演社会生活中进行的某种工作或与之平行的活动方式，它着眼于儿童经验的发展而对社会生活中的典型职业进行分析、归纳和提炼，体现了杜威关于儿童、学科知识、社会相统一的课程开发理念。[2] 因此，活动课程从一开始就与学校的职业性活动、与儿童的职业体验有着紧密的联系，它源于社会生活，并适合儿童经验生长的要求。

《指导纲要》将“职业体验”作为综合实践活动课程的一种主要活动方式单列出来，不仅体现了综合实践活动与生涯教育的交集所在，[3] 同时将体验式学习与职业生活情境联系了起来。就是说，让学生置身于丰富的、与各种职业活动相关的情境之中，让其全身心地参与到各种职业性的实践活动中去，在一定情境的浸润中获得相应的真切认知与情感体悟，从而加深对自我世界、生活世界、职业世界和社会发展的理解。因此，职业体验具有活动课程的一些特点：

第一，情境性。学校创设一定的情境，让学生在职业情境中亲身实践。情境的创设有助于学生获得更好的体验感受。学校可以利用各类资源，积极创设真实和模拟的职业体验情境，为学生提供亲身经历与现场体验的机会。

第二，体验性。职业体验活动中的体验既是一种过程又是一种结果。作为过程，学生在职业情境中能接触到不同的职业，体验不同的角色，增强职业感知。作为结果，学生获得了不同的职业认知、态度和情感体验。[4]

第三，自主性。职业体验是学生自主、自愿、自觉参与的实践活动，

[1] 张华：《经验课程论》，上海教育出版社，2001，第 250 页。
[2] 同上，第 104–105 页。
[3] 杨燕燕：《综合实践活动课程之“职业体验”：内涵、价值与实施》，《基础教育课程》2017 年第 23 期。
[4] 屈玲：《职业体验：一种链接生活的课程》，《职业教育研究》2019 年第 1 期。

学生在职业情境中以主动积极的态度去认识、感知、体会职业，通过不断的学习与自我反思，获得自主发展与提升。

第四，连接性。学生通过活动接触、了解社会，将学术性知识和职业性知识进行连接，将学校和社会进行连接，从而为学生未来的职业生活乃至整个生涯发展做准备。

第五，教育性。职业体验的目的并不只是让学生品尝一种职业乐趣、增强职业意识和一些职业技能，还需要引导学生在体验之余能够思考未来、展望职业前景、树立人生理想。

基于学校活动课程的基本定位，职业体验在课程目标的确定、主题内容的选择、实施方式以及评价方式等各个层面，都具有区别于学科课程的特殊性。

四、职业体验是“合法的边缘性参与”

《指导纲要》表明，学生在职业体验这一活动方式中的学习，不仅与一定的真实或是模拟的职业性情境有着极大关联，而且需要成为这一情境中学习活动的行动主体。从如何学习的角度来说，它凸显着情境性学习的本质特征。

关于情境性学习的本质特征，莱夫（Jean Lave）和温格（Etienne Wenger）在其著作《情境学习：合法的边缘性参与（Situated Learning: Legitimate Peripheral Participation）》提出了核心概念——“合法的边缘性参与”。这是他们从人类学研究角度，在社会性背景中恢复了学习的本源意义，从而将学习看作是在一定情境中社会实践的一个特征，即学习是一种参与，是在实践中改变理解的动态过程。这种界定强调主动的行动者，强调与世界的交互活动，强调学习不是被动地接受大量有关世界的事实性知识，“在社会世界中的认知和交往以及与社会世界的认知与交往是置身于正在进行的活动的历史发展中的。……参与总是建立在对世界意义的情境性协商和再协商的基础之上。这意味着理解和经验存在于持续的互动之中——事实上，它们是以互动的方式构成的。”[1] 所以，这样的学习过程是一种实践性的社会建构过程。在职业体验活动过程中，学生基于自身的主动实践在自身的世界与身外的职业世界中“穿梭”，不断丰富着自己对于职业世界的理解。因此，在职业体验活动方式中，如何彰显活动的社会背景、职业性背景，如何让学生在这样的背景中发生应有的互动从而成为真正的行动主体，是我们需要注意的一个重要问题。

同时，我们需要注意，这样互动的最终目的在于对实践活动意义的追寻。这种追寻意义的过程也是不断完善个人身份建构的过程。莱夫和温格认为，经由边缘性参与而引导至充分参与的学习过程不仅是学习者行动的轨道，也是学习者身份变化的轨道，即要变成一个充分的参与者、一个成员、一种类型的人。职业体验活动让学生有机会逐渐成为职业世界乃至整个社会世界中的一个成员、一个充分的参与者，让他们有机会在自身与职业、社会之间的关系中不断获知自身行动的意义，“就这些关系体系所允许的可能性而言，学习意味着成为另一个人。忽略了学习的这个方面就会忽略学习包括身份建构这个事实。”[2] 所以从这个意义上说，学习者在活动中对于实践意义的不断追寻是其个体身份建构不断完善的过程。故此，我们需要关注，如何在职业体验活动中超越职业活动本身而彰显活动的整体育人价值。

[1] J·莱夫、E·温格：《情境学习：合法的边缘性参与》，王文静译，高文校，华东师范大学出版社，2004，第 15–16 页。
[2] 同上书，第 16–17 页。

下编　职业体验

第九章

职业体验的价值解析

职业体验的特定价值可从三个维度获得彰显：首先，在个体发展的维度，它有利于个体生涯管理素养的提升，从而使个体在快速变迁的社会中拥有更强的社会适应能力；其次，在学校发展的维度，由于职业体验活动与劳动的紧密关联，因此有助于学校加强劳动教育，从而有效地落实对学生劳动素养的涵育；再次，在社会发展的维度，职业体验使得学校与社会之间有了现实的连接，从而促进了普通教育与职业教育的融合。

张华教授认为，从本质上讲，中小学的综合实践活动课程有两种活动形态：一是事实形态的综合实践活动，二是价值形态的综合实践活动；前者追寻“儿童心中的世界是什么”，后者以追寻学习的意义为直接目的。第一种风格更表现出自然的、科学的特性，更强调事实的基础地位、更关注“价值有事实而引出”这一方面；第二种风格则更具有社会的、道德的特性，更强调价值的基础地位以及事实对价值的依赖性。诚然，两者的区分是相对的，有时两者的界限也是模糊的，但是如果要在这样的分类框架下作一区分的话，职业体验应该是一种更加倾向于价值形态的综合实践活动。

价值形态的综合实践活动最关心的问题是“世界会好吗”，学生在活动中不仅信奉“世界会变得更好”的信念，而且还让这种信念通过行动体现出来。因此，职业体验旨在让学生不仅明了“身外的世界”可以通过职业行动而变得更好，而且明了“自身的世界”也会在行动中变得更好，同时深刻理解这种身外世界的变好与自身世界的变好之间是不可分割的、统一的关系。职业体验使学生有机会跨越学习生活与职业生活、社会生活之间的藩篱，将学生的发展与社会的发展紧密联系起来，因此可以说是努力让世界变得更好的一种教育手段。

一、促进生涯管理素养，提升个体的社会适应能力

作为对时代的回应，当前学校教育日益重视个体在生活、工作和学习中协调各种选择与决策的责任，[1] 更加强调个体在面对自身的发展、转变以及不可预测的挑战时谋求解决策略的灵活性和安全性。[2] 因此，基于核心素养的课程与教学变革成为当前学校教育变革的主旋律，基于“立德树人”根本任务发展学生核心素养成为国内学校教育的使命。综合实践活动课程中的职业体验活动有助于培养学生的“生涯管理素养”（Career Management Competencies, CMC 或 Career Management Skills, CMS）——个体发展自我意识、探索生涯机会、进行生涯决策并实施生涯行动的关键能力及必备品格，[3] 有助于他们在一生中处理好与学业、就业及生活前途相关的各种问题。

生涯（Career）是介于职业与生命之间的概念，是统合人一生中的各种职业和生活角色，表现出的个人独特的自我发展形态。而保持各种角色的平衡，拥有良好的生涯发展，需要个体进行自我管理，是一个涉及评估、确定目标、监控以及采取措施的过程，相关的素养则是在上述过程中形成的适用于特定情境的知识、技能及态度的综合体。一些国家，如澳大利亚、新西兰、英国等，对生涯管理素养做出了较为明确的内涵界定（见表 9–1）。

---

[1] Ruth Bridgstock, “‘Follow your bliss’ or ‘show me the money’? Career orientations, career management competence and career success,” accessed December 12, 2019,http://apo.org.au/node/14938.

[2] The European Lifelong Guidance Policy Network, “Designing and Implementing Policies Related to Career Management Skills(CMS), ” accessed December 12, 2019,http://www.elgpn.eu/publications/browse–by–language/english/ELGPN_CMS_tool_no_4_web.pdf.

[3] Karen Vaughan and Lorraine Spiller, “Learning to Fly:Career Management Competencies in the School Subject Classroom,” accessed December 12, 2019,http://dspace.lincoln.ac.nz/bitstream/handle/10182/5128/learning_to_fly.pdf?sequence=1

表 9–1 澳大利亚、新西兰、英国对生涯管理素养内涵的界定

国别	对生涯管理素养内涵的界定
澳大利亚	能够帮助个体更好地管理生活、学习、工作的素养，不仅仅是一项技术，更是一种技能、知识和态度，同时能够不断发展与培养
新西兰	人们用于发展和管理生涯、理解自我的知识、技能和态度，有助于做出与学习、工作相关的决定，高效地实施决策，进而参与社会工作
英国	帮助学生对自身、生活和工作有更好的理解，适应和应对环境中的变化以及获得自信以进行生涯的抉择的素养

所以，我们把生涯管理素养理解为：个体对自身、学业、生活、工作的理解、管理及发展所需的知识、技能和情感态度的综合体。它不局限于生涯发展的某一阶段，而是贯穿个体一生，同时也能通过多种途径不断地提升。良好的生涯管理素养能够促使个体做出明智的决策，采取合适的行动，帮助个体适应快速变化的就业环境和社会生活，形成积极的自我观念和生涯态度。

同时，一些国家也对生涯管理素养所包含的领域分类进行了具体说明（见表 9–2）。

表 9-2 美国、加拿大、澳大利亚、新西兰、英国对生涯管理素养所包含领域的分类说明

国别	对生涯管理素养所包含领域的分类说明					
美国	个人 社会 发展 Personal Social Development	增加对自身的理解，保持积极的自我形象； 发展积极的人际能力； 将成长和改变整合到生涯发展之中； 平衡个人、社区、学习者、家庭和工作等各种角色。	教育成就 和终身学习 Educational Achievement and Lifelong Learning	取得教育成就并达到个人与生涯教育目标要求的绩效水平；参与持续不断的终身学习以提升有效的应变能力。	生涯 管理 Career Management	制订适合自身生涯目标的生涯规划； 将做决定的过程纳入生涯发展的要素； 在规划中使用适当客观的生涯信息； 掌握学术、职业和综合的就业技能； 规划时综合变化的就业形势、社会需求和经济情况。
加拿大	个人 管理 Personal Management	建立和保持积极的自我形象； 和他人积极高效的互动； 在生活中改变和成长。	学习和 工作探索 Learning and Work Exploration	参与指向生活／工作目标的终身学习； 高效地运用生活／工作信息； 理解工作和社会／经济的关系。	生活／工作 构建 Life/Work Building	保存／创造和保持工作； 做提高生活／工作的决定； 保持和平衡生活和工作的角色； 理解生活／工作角色变化的特性； 理解、参与和管理个人的生活／工作建立进程。

续表

国别	对生涯管理素养所包含领域的分类说明					
澳大利亚	个人 管理 Personal Management	建立保持积极自我观念； 与他人积极有效互动； 在生活中不断改变和进步。	学习和工作 探索 Learning and Work Exploration	终身学习以支持生涯目标； 准确高效使用生涯信息； 理解工作、社会和经济的关系。	生涯 建立 Career Building	保护／创造和保持工作； 做出提升生涯的决定； 保持生活和工作角色的平衡； 理解生活和工作会改变的特性； 理解、参与和管理生涯建立的过程。
新西兰	发展自我 意识 Developing Selfawareness	建立保持积极自我观念； 与他人积极高效地互动； 在生活中改变和成长。	探寻 机会 Exploring Opportunities	参与终身学习以支持生活和工作目标； 寻找并高效利用信息； 理解工作、社会和经济的相互关系。	决策 和 行动 Deciding and Acting	做改善生活或生涯的决定； 制订并审视学习和生涯计划； 管理生涯时采取合适的行动。
英国	理解 和发展自身 Understanding and Developing Myself	了解自我以及优势； 自信和高效地与他人互动； 在生活中不断改变、发展和适应。	探索生活、 学习和工作 Exploring Life, Learning and Work	在生活中保持学习的状态； 寻找和利用信息，以及获得他人的支持； 理解社会、政策和经济的改变，联系到自我生涯； 理解生活、学习及工作角色的转变。	发展 和 管理生涯 Developing and Managing Career	做关系到生活、学习和工作有效的决定； 找寻、创造和保持工作； 在适合自己的生活、学习和工作中寻找平衡； 计划、发展、管理我的生活、学习和工作。

综上，第一个领域的内容，将生涯的发展视为变化并贯穿一生的动态过程。生涯管理素养不只是为了帮助学生解决当前关于学业、生活、就业的困惑与问题，它的意义蕴藏于个体在今后和未来平衡学校、家庭、工作等环境中的角色转变之中。它承认个体在变化环境中积极适应与互动的重要性，强调个体须意识到环境的改变，在生活中不断变化和成长。另外，五国也将个体视为积极的主体，将积极的自我概念视为生涯发展的重要起点，要求个体关注、理解、探索、发展自我，在此基础上自信、高效地与他人进行沟通与交往，从而促进个体自我概念的建立与完善。

第二个领域说明生涯探索是对自我、学业、生活以及职业各种活动中经验和机会的探寻，所依赖的是积累经验、储备能力、收集信息、开拓视野的过程，是个体理解工作、学习、生活以及社会发展之间关系的过程。这与世界范围内 20 世纪 90 年代后基础教育领域中兴起的核心素养的育人取向相一致，如欧盟所提出的数字化核心素养就是要求学生能够搜索、收集、处理以及批判性地使用信息。[1] 不过生涯管理素养的要求虽源自许多国际组织或发达国家所提倡的核心素养要求，但在这里它更含有生涯发展的指向性，如上述的信息能力更强调对教育、职业、生活等相关信息的处理。

第三个领域涉及生涯发展过程中的规划、决策、行动等活动。首先，它将生涯规划作为生涯管理的重要组成，是个体在进行自我探索与生涯探索的基础之上，进行综合分析与权衡，确定行之有效的目标、计划或行动方案的过程。其次，由于个体需面对的未来环境的不确定和复杂性，培育能够持续地保持和创造生活的素养显得尤为重要，这就要求个体不断提升与更新相关知识与技能，理解社会形势以及自身角色的动态变化。[2]

对于个人发展如此重要的生涯管理素养，其形成是从加深自我认识

[1] 林崇德：《21 世纪学生发展核心素养研究》，北京师范大学出版社，2016，第 65 页。

[2] 杨燕燕、何秋玥：《国际经验及启示：生涯管理素养的内涵解读与实践样态》，《教育导刊》2018 年第 8 期。

和对职业的认识开始的。通常，中小学生对于职业的认识大多来自自身的生活观察或是成人的只言片语，对职业以及职业生活的理解往往是片面的、零碎的，而且缺乏自身对职业活动的真实经历和体验。也就是说，对于各种职业生活的实际状况，学生在知识学习和日常生活中也能获得一些相应的感受和理解，但是这些往往是被动感知的，或是在无意识状态下获得的，在广泛性、深刻性和目的性上是有局限的。与此相联系，他们对于在职业活动中的“自己”的认识，也就不可能是全面而深刻的。

综合实践活动课程中的职业体验则是在学校教育系统中，有目的、有计划地实施培育生涯管理素养的活动。在这类活动中，学生可以通过多角度了解、分析和评估，发现自己的能力与专长，并从自身的兴趣、价值观以及人格特征等方面使自己的职业志趣不断清晰化，从而不断明确自己的人生方向。在这一过程中，学生能将自己的情况，包括外观、生理情况及自己的感知、思考、体验、意图、行为等心理活动、心理过程、心理内容及其特点报告给自己，根据自我感觉、自我观察和对自身状况的反思，对自己的能力、品德、行为等进行评估，不断加深自我认识。而正确的自我认识正是影响未来职业选择、生涯规划的关键因素。[1]

人一生的发展与职业息息相关，一个人的职业选择可以体现个人对自我角色的期望。在教育活动中，当个体将“我是谁、我将来要做什么”等问题与他当下的学习活动相联结并且形成他自己所期望的生活形态的时候，职业意识、择业意识和社会意识等也就逐渐树立，从而走向正确的人生观、价值观和就业观。所以，职业体验活动对于中小学的学生而言，不但开阔了视野，陶冶了情操，亦培养了职业兴趣和精神梦想，[2] 能够促进学生明确自我发展方向，寻求生涯发展策略，实现人生价值。这是一种谋求主动发展的内在诉求，是学生逐步形成有意识地对自己的整

---

[1] 黄琼:《中小学职业体验活动要抓住关键要素——〈中小学综合实践活动课程指导纲要〉“职业体验”主题解读》，《人民教育》2018 年第 Z1 期。

[2] 周齐佩、潘波、孙日强:《“职业体验”活动体系构建的探索与实践》，《教育与装备研究》2018 年第 2 期。

个生涯前途进行思考与管理的过程。

生涯管理素养的增强和社会适应能力的增进，是同一个问题的两个方面，前者侧重于“内”，后者侧重于“外”，“内”“外”两个方面在学生解决现实问题的过程中将合二为一。

社会适应能力是人生发展中最基本的能力，是个体融入社会、接受社会的表现。前文述及，职业体验中的学习与传统的学科学习是不同的，它将学生的“学科世界”和“生活世界 ”有机地联系起来。学生可以在学习中经历与“职业”有关的内容，初步体验不同的职业，了解各种职业及其特点，了解由各种职业所组成的社会的组织结构、运行方式等，还可以把他在学校课堂中的所学运用于职业生活中，从而发现知识学习的意义与价值。这种从职业启蒙中逐步发展起来的职业意识，能使学生从职业的变迁中认识快速变化的世界，促进他们了解真实的职业世界，一定程度上避免了学生“科学世界”和“生活世界 ”的割裂。[1] 所以，职业体验强调学生在体验多种职业活动的基础上，提前感知、适应社会。

在职业体验的过程中，学校通过有计划地安排，让学生可以从知识、技能到情感、态度以及价值观层面充分参与，可以多角度对更多不同的职业生活进行了解、分析和评价，可以联系自己的兴趣爱好、能力特长、性格体力情况以及未来职业发展的趋势，去探索、反省自己的职业志向，去检视自身与职业志向相关的准备状态，去思考实现职业志向可能的路径与策略等。在这个过程中，学习者“首先实实在在地感受到了自我的存在价值，感觉到了自我理智的力量、情感的满足、意志的独立与自由；其次还实实在在地感觉到自我与自然、与社会之间内在的（非工具的）、有机的（非机械的）联系”[2]，得到发展的是学生解决复杂问题的高阶能力。这种高阶能力的获得，对于学生而言，可以大大提高应对未来社会

[1] 黄琼：《中小学职业体验活动要抓住关键要素——〈中小学综合实践活动课程指导纲要〉“职业体验”主题解读》，《人民教育》2018 年第 Z1 期。
[2] 张华：《经验课程论》，上海教育出版社，2001，第 253 页。

不确定性的可能。

审视当下，受“应试教育”的影响，学校教育比较注重学术性知识的传递与学习，相对忽略社会经验的积累。这导致不少学生只顾埋头读书，但在未来的专业选择和发展道路上却倍感迷惘。“这种训练可能发展出一种按部就班的机械的技能（其实不一定能做到这一点，因为它可能使人厌恶、反感和不上心），这将会牺牲诸如敏锐观察和紧凑、机灵的计划等特征，而正是这些特质，使职业在理智上得到回报。……唯一的替代方案是：所有早期的职业准备都是间接的而非直接的，即都是通过开展那些由学生当时的需求和兴趣所指示的积极作业而得以进行的。只有通过这种方式，教育者和受教育者才能真正发现个人的能力倾向，揭示出个人在今后生活中应从事哪个专门的职业。此外，对个人的能力倾向的发现，将成为伴随个人成长持续不断的过程。有的观点主张，如果人们预先考虑了将来成年生活时的职业，那就是一日选定、终身受用的事情了。显然，这种观点是传统而武断的。”[1]

综合实践活动课程中的职业体验即是杜威所提出的“主动作业”的一种现实形态，它强调了中小学生成长过程中获得职业体验的重要性，为学生获得更为广阔的生活体验和社会体验提供了机会。只有当学生走进了真实的职业世界，参与到社会的职业实践活动中去，他们才能真切体会到学校教育与社会生活、职业生活之间的内在关联，才有可能走出先前的迷茫，从而进一步感受知识学习的意义，开始主动谋划自己的人生发展，以更好地应对社会挑战，实现自身在社会发展中的价值。

二、涵育劳动素养，加强学校的劳动教育

“劳动教育是培养青少年运用知识技能获得精神财富和物质财富的教育实践，可以培养青少年尊重劳动、劳动人民和劳动成果，培养自我

---

[1] 约翰·杜威：《杜威全集·中期著作（1899–1924）（第九卷）》，俞吾金、孔慧译，华东师范大学出版社，2012，第 248 页。

服务的技能以及认真、负责、创造性地对待劳动的态度，培养合作劳动和独立劳动的能力。劳动教育要帮助青少年正确评价劳动的意义和价值，了解社会百业分工和个人职业倾向，明白劳动只有分工不同，没有高低贵贱之分，任何职业都有意义，都很光荣。"[1] 恰当的劳动教育方式有助于劳动教育目标的达成。

教育部、共青团中央和全国少工委曾于 2015 年 8 月发布《关于加强中小学劳动教育的意见》。该《意见》开宗明义要求明确劳动教育的主要目标：通过劳动教育，提高广大中小学生的劳动素养，促进他们形成良好的劳动习惯和积极的劳动态度，使他们明白"生活靠劳动创造，人生也靠劳动创造"的道理，培养他们勤奋学习、自觉劳动、勇于创造的精神，为他们终身发展和人生幸福奠定基础。因此，帮助学生养成良好的劳动素养，是劳动教育的根本任务。

该《意见》还明确提出要将综合实践活动课程作为实施劳动教育的重要渠道，并要求抓好劳动教育的几个关键环节，其中包括：

开展校内劳动——积极组织学生参与校园卫生保洁和绿化美化，普及校园种植；开辟专门区域种植花草树木或农作物，让班级、学生认领绿植或"责任田"，予以精心呵护，有条件的学校可适当开展养殖；大力开展与劳动有关的兴趣小组、社团、俱乐部活动，进行手工制作、电器维修、班务整理、室内装饰、勤工俭学等实践活动。

组织校外劳动——小学、初中、高中每个学段都要安排一定时间的农业生产、工业体验、商业和服务业实习等劳动实践；充分利用劳动教育实践基地、综合实践基地和其他社会资源，结合研学旅行、团日队日活动和社会实践活动，加强城乡学生交流，组织学生学工学农；城镇学校可结合实际情况组织学生参加公益劳动与志愿服务，农村学校可结合实际情况在农忙时节组织学生帮助家长进行适当的农业生产劳动。

中共中央、国务院发布的《关于全面加强新时代大中小学劳动教育

[1] 曾天山：《劳动教育的时代价值与落实机制》，《中国教育报》2018 年 12 月 27 日第 8 版。

的意见》，从德、智、体、美、劳全面育人的角度，提升了劳动教育在学校教育中的地位。

该《意见》将劳动教育的内涵界定为：“劳动教育是国民教育体系的重要内容，是学生成长的必要途径，具有树德、增智、强体、育美的综合育人价值。实施劳动教育的重点是在系统的文化知识学习之外，有目的、有计划地组织学生参加日常生活劳动、生产劳动和服务性劳动，让学生动手实践、出力流汗，接受锻炼、磨炼意志，培养学生正确劳动价值观和良好劳动品质。”因此，劳动教育的目标是：“通过劳动教育，使学生能够理解和形成马克思主义劳动观，牢固树立劳动最光荣、劳动最崇高、劳动最伟大、劳动最美丽的观念；体会劳动创造美好生活，体认劳动不分贵贱，热爱劳动，尊重普通劳动者，培养勤俭、奋斗、创新、奉献的劳动精神；具备满足生存发展需要的基本劳动能力，形成良好劳动习惯。”《意见》还强调以“体力劳动为主，注意手脑并用”，并要求中小学将劳动教育纳入国家课程方案，且每周不少于1课时。在劳动教育的内容方面，《意见》主张“针对不同学段、类型学生特点，以日常生活劳动、生产劳动和服务性劳动为主要内容开展劳动教育”，具体如下：

小学低年级要注重围绕劳动意识的启蒙，让学生学习日常生活自理，感知劳动乐趣，知道人人都要劳动。小学中高年级要注重围绕卫生、劳动习惯养成，让学生做好个人清洁卫生，主动分担家务，适当参加校内外公益劳动，学会与他人合作劳动，体会到劳动光荣。初中要注重围绕增加劳动知识、技能，加强家政学习，开展社区服务，适当参加生产劳动。使学生初步养成认真负责、吃苦耐劳的品质和职业意识。普通高中要注重围绕丰富职业体验，开展服务性劳动、参加生产劳动，使学生熟练掌握一定劳动技能，理解劳动创造价值，具有劳动自立意识和主动服务他人、服务社会的情怀。

上述两个《意见》，尤其是后者，对中小学的劳动教育提出了刚性要求。那么，在学校中通过与综合实践活动课程相整合来实施劳动教育，就不失为一个有效的路径。“事实上，我们也不难发现，无论是日常生活劳动，还是生产劳动或是服务性劳动，都与各种职业有着或远或近的关联——即便是日常的生活劳动也是家政类职业活动的基础。因此，很多时候学生投身于劳动教育的过程与参与职业体验活动的过程是同一的。而研究表明，最有代表性的职业生活经验都是个体自身通过实际劳动体验后产生的。”[1] 这就又告诉我们，中小学生在职业体验活动中所获得的体验是经由劳动产生的，职业体验活动是实施劳动教育的有效方式。

“如果我们在职业体验活动的过程中培养学生的劳动意识，帮助他们形成正确的劳动观念、热爱劳动的态度和良好的劳动习惯，懂得珍惜劳动成果，磨炼意志、激发创造力，这将不同于以往的简单说教和被动接受。他们可以在特定情境中通过主动体验不同职业的工作方式，感受不同职业的劳动艰辛，主动思考不同职业如何通过劳动推动社会的进步和发展，从而将正确的劳动观根植于每一个中小学生心中，促使其树立远大的理想，积极投身于社会建设之中，为推动人类文明作出贡献。”[2] 由此，我们将实施职业体验活动的过程作为实施学校劳动教育的重要途径，便使学校的劳动教育有了更加明确的抓手，并可以在这个基础上进一步推进学校在劳动教育方面的跨学科特色课程建设，从而有助于培养学生综合性的劳动素养。

我们已知，职业体验是活动课程，因而它的开发及实施与学科课程有着很大的不同，而这其中的一个重要区别，就是在职业体验活动中学生需要实现跨学科学习。

所谓“跨学科学习”(Interdisciplinary Study)，是基于跨学科意识，运

[1] 王一敏：《中学生生涯教育理论与实务》广东教育出版社，2016，第 139 页。
[2] 黄琼:《中小学职业体验活动要抓住关键要素》—〈中小学综合实践活动课程指导纲要〉“职业体验”主题解读》，《人民教育》2018 年第 Z1 期。

用两种或两种以上的学科观念以及跨学科观念，解决真实问题的课程与学习取向。它既是一种以跨学科意识为核心的课程观，又是一种融综合性与探究性为一体的深度学习方式，还是一种以综合主题为基本呈现方式的特殊课程形态。跨学科学习旨在让学生融合多学科的知识和思维，整体地、系统地认识客观世界的事物和现象，强调多学科的内在整合，走向深度探究。[1] 跨学科学习具有目的与手段的双重特性：从目的意义看，它旨在培养学生的自由人格、跨学科意识和创造性解决问题的能力；从手段意义看，它是选择、综合各种信息、知识、手段、方法以解决复杂问题的策略，以及将学科知识情境化的策略。[2] 职业体验具有显著的跨学科学习特性，其中的跨学科思想集中体现在两个方面：一方面，职业体验活动以主题方式设计，围绕一个或几个相关的核心问题展开，融合了多门学科的相关内容，学生完成体验任务所需使用的学科知识是多样的，体验活动能够促进学生从多学科视角理解真实的生活问题，促进个人、社会、自然内在整合；另一方面，职业体验是学生自主探究过程，是基于真实情境的体验，学生在职业体验活动中经历各个职业在现实职业环境中将面临的问题，思考如何运用各学科的知识去解决问题，以及运用学科思维去思考从事该项职业需要的学科知识与技能。

这也就意味着，实施综合实践活动课程中的职业体验，必须在跨学科的视野中建立起学习内容的选择、学习资源的整合以及教学过程的组织。这样的课程建设与通常的学科课程开发具有明显的区别，同时还与学校及其所在区域的文化和资源息息相关。因此，这样的课程建设往往既能够体现学校的劳动教育特色，又能够体现学校课程的跨学科整合特色，为学校整个课程体系的发展添彩增色。

[1] 张华：《跨学科学习：真义辨析与实践路径》，中小学管理，2017 年。
[2] 张华：《论理解本位的跨学科学习》，《基础教育课程》2018 年第 22 期。

三、建立连接学习的现实路径，实现普职融合

逐渐消除普通教育与职业教育的分离与对立而走向融合，是世界基础教育发展的趋势之一，而职业体验往往被认为是普职融合的现实手段，例如 2010 年世纪经济合作与发展组织（OECD）基于 17 国经验发布了报告《为工作而学习（Learning for Jobs）》，充分肯定了在工作现场获得真实体验对于学习者发展的重要性；[1]2011 年哈佛教育研究生院发布报告《繁荣之路：21 世纪对美国青年的挑战（Pathways to Prosperity: Meeting the Challenge of Preparing Young Americans for the 21st Century）》，明确提出高中教育要重视基于工作现场中的体验而实现学生对多种发展前景的选择。[2]

杜威基于他对职业的广义理解，对片面的“职业教育”持否定态度。他认为在狭隘的职业教育中，人们往往将职业教育等同于职业训练或者职业技能训练，将自由教育和职业教育相区别，一般大众所认为的职业教育更多的是一种工艺教育、一种学徒训练。而杜威所坚持的职业教育，是更广义、更宽泛的，不仅包含知识层面，更包含情感、道德这些更深刻的层面，不是只指向某种具体的职业，而是跨具体职业的，是人们在各种职业中所共同具备的能力，如对知识的更新能力。

在这样的理解之下，杜威指出，为了现代工业社会和民主社会的发展，职业教育不能仅仅停留在原有的狭隘理解层面，自由教育和职业教育并不是站在对立面，职业教育应该与自由教育相整合，使教育的职业方面和文化智力方面的内容有机统一于一个完整的教育体系之中。“把教育体系分裂开来，为那些处境没那么幸运的其他人提供特定的行业预备

[1] OECD, “Synthesis Report of the OECD Reviews of Vocational Education and Training:Learning for Jobs,” accessed December 16, 2019,http://www.oecd.org/edu/skills-beyond-school/Learning%20for%20Jobs%20book.pdf.

[2] William C. Symonds and Robert Schwartz and Ronald F. Ferguson，“Pathways to prosperity: Meeting the challenge of preparing young Americans for the 21st century ,” accessed December 16, 2019, https://dash.harvard.edu/bitstream/handle/1/4740480/Pathways_to_Prosperity_Feb2011-1.pdf.

训练，这就等于把学校看成将旧有的劳动与闲暇、文化与服务、心灵与身体、受管理阶级与管理阶级的划分移植到名义上的民主社会中去的一个机构。”[1] 因此，他认为在社会中要通过自由教育和职业教育之间的深层整合，逐步消除长久以来两者的对立。“如果一种教育认可职业有充分的理智和社会的意义，那么，这种教育就必须既包含对当下状况的历史背景的教育；也包含有关科学方面的训练，以提供处理生产材料和生产工具的智力和开创性；还包含对经济学、公民学和政治学的学习，以便使未来的工作者触及当代的种种问题和由此而提出各种改善的方法。最重要的是，它将训练未来的工作者适应不断变化的情况的能力，从而使他们不轻率和盲目地听天由命。”[2] 可见，杜威所倡导的教育即是一种普职融合的教育。

实施综合实践活动课程中的职业体验，即是在课程中实现普职融合的一种具体体现。通过职业体验，学生从小学阶段起就可以在普通教育以课程为主的学习中接触到“职业”的要素，使他们认识到职业是其完整生活不可或缺的一个组成部分，并逐步建立起对职业的概念，了解不同职业生活的大致面貌，也有可能获得与职业生活相关的通用知识技能或专业知识技能，或是将职业生活与自己其他方面的生活联系起来而思考自身未来的发展方向。这较之于撇除职业要素的课程学习，更能够让学生完整地去认识包含职业生活在内的社会生活，从而让学术性学习与职业性学习融合起来，让学业生活与职业生活融合起来。

借助连接学习（Linked Learning），是普职融合得以实现的一大具体路径。连接学习源于 2008 年至 2009 年美国加利福尼亚州的一场中学教育运动，之前也被称为“多种路径（multiple pathways）”。连接学习旨在让所有学生都能获得作为学习者所需的经验和条件，并为其大学的、职

[1] 约翰·杜威：《杜威全集·中期著作（1899–1924）（第九卷）》，俞吾金、孔慧译，华东师范大学出版社，2012，第 253 页。
[2] 约翰·杜威：《杜威全集·中期著作（1899–1924）（第九卷）》，俞吾金、孔慧译，华东师范大学出版社，2012，第 254 页。

业的和公民的生活做好准备。[1]

连接学习的主题是学生参与课程、资源和学习这一连贯系统的核心。实施连接学习的学校通常利用主题的方式将学生的兴趣、学习活动与校外的世界联系起来，这类学校一般会采用某个主题作为该校的校本特色，并将主题贯穿于学校的各个教育教学活动当中。一般来说，连接学习的主题有四类：一是明确的行业类主题（Welldefined industry sectors），即单个行业的主题，如健康科学和医疗技术或艺术、媒体等。二是多种行业结合类主题（A combination of industry sectors），即围绕两个或以上相关行业结合类的主题，如建筑行业和建筑、工程和设计等。这两类主题比较侧重行业标准与学校课程目标的对接。三是广泛类的行业主题（Expansive industry sectors），该类主题并不是专指某一类行业，其涉及的行业范围很广，如信息科技、公共服务等行业，能够给学生提供职业的多种选择，注重学生掌握一系列可以在更广泛职业领域中应用的通用性能力。四是个性化的主题类（Individualized themes），即活动的主题并不是围绕明确的一个行业类内容，而是允许学生追求更广阔的个性化职业兴趣。[2]

实施连接学习的另一机制是结合工作实践，在现场中学习。连接学习重视学生与真实世界的联系，倡导将实际生活与课堂连接起来，在实践中运用所学知识，从而积累经验，培养自己的能力。这种基于工作现场的学习具有以下特征：第一，直接参与。这积极地连接了学校文化和职业、社区文化，学生直接参与到工作中，从中了解重要的行业或专业标准，获得真实经验。对于学生来说，这给他们提供了从学生到社会成

---

[1] Marisa Saunders, “Linked Learning: A guide to making high school work,” accessed December 19,2019,http://www.lbschools.net/Asset/Files/Linked_Learning/Reading/LinkLearning%20Guidebook%202013.pdf.

[2] Marisa Saunders, “Linked Learning: A guide to making high school work,” accessed December 19,2019,http://www.lbschools.net/Asset/Files/Linked_Learning/Reading/LinkLearning%20Guidebook%202013.pdf.

员的角色转变的平台。第二，积累丰富经验。基于工作现场的学习需要学生深入参与，尽管在工作场所的参观或者观摩都发生在实际的工作场所，但基于工作的学习给予了学生实际锻炼的机会，使学生获得真实的实践能力，积累丰富的经验。第三，与课程相关联。在工作情境中的学习包括学术或技术的内容知识，以及高阶思维技能和工作中的人际交往及其他技能。第四，实践内容连续进阶。基于工作现场的活动对于学生来说是一个连续不断的经验累积过程，并且随着年级升高，有越来越高的水平和技术要求。在小学阶段，通常以职业代表的发言介绍以及职业场所的参观为主要活动，学生参与的实践较少，主要目的是让学生感知了解不同的职业内容；在中学阶段，是工作活动的观摩，给予学生实践锻炼的可能，为日后对于不同职业的选择做准备；然后进阶到实习、服务学习以及在高中到企业中实践锻炼，这是学生学习和应用职业技能的机会，但主要的学习目的不是为了就业，而是为了积累经验和培养能力。总之，这些活动都是以为未来的教育和职业生活做准备为目的，而不是仅仅只为学生日后就业做准备。[1]

从学校课程开发与实施的层面来看，无疑连接学习体现了一种新的思路。首先，与传统的学校课程及教学相比，它旨在拓展课程的内容和教学的场所，不将学生限制于传统课堂的知识学习之内，要求学生亲历参与实践活动以更深刻地在现实的职业情境中理解和应用所学知识。其次，它也拓展了对“课程”的理解——它把学生进行职业体验的经历纳入课程的范畴。再次，它超越了以学科逻辑编制学习内容的方式，与主题式相关联的是通过项目式的整合方式进行课程开发。由此可见，综合实践活动课程中的职业体验活动方式在内部逻辑上是与连接学习思想相一致的，它不仅拓展了学校组织学习活动的方式和范围，而且使学生在

[1] Svetlana Darche and Kathy Reeves and Nara Nayar, “Work-Based Learning in California: Opportunities and Models for Expansion ,” accessed December 21,2019,https://www.wested.org/online_pubs/workbasedlearning.pdf.

学校学习的学术性知识有机会成为解决与职业生活相关问题的理论工具，从而让理论知识与实践知识连接起来，让学校世界与学校以外的社会世界连接起来。因此，职业体验是整个基础教育阶段建立联结学习的现实路径，是实现普职融合的媒介。

第十章

职业体验的目标设定

作为综合实践活动课程，职业体验的目标设定是职业体验活动开发与实施中需要首先考虑的问题。目标是否具有合理性与合规性，决定了所开发的职业体验活动是否符合《指导纲要》的内在精神要求，而这需要我们对职业体验活动的目标有一个较为全面的解读。

对于职业体验的目标设定，我们可以从不同的视角进行审视。这不仅有助于在实践中使得职业体验活动的目标与核心素养的育人目标更为统一，有助于将学生的生涯发展纳入职业体验目标设定的依据之中，而且可以帮助我们思考具体职业体验活动目标的不同侧重点。

一、核心素养视角下看职业体验活动的目标设定

（一）职业体验活动目标应与核心素养的育人目标相统一

从 20 世纪 90 年代开始，“核心素养”的理念就逐渐应用于基础教育领域，如：1994 年，世界经济合作与发展组织（OECD）提出了基础性的核心课程，为学生提供一个以知识、能力和价值观为主的“生存装备”（Survival Kit）；1996 年，联合国教科文组织（UNESCO）在《教育：财富蕴藏其中》的报告中，界定了 21 世纪社会公民必备的基本素质，即教育的四大支柱——“学会求知、学会做事、学会共处、学会生存”，这也是基础教育领域“核心素养”的前身。[1]

随后几年，世纪经济合作与发展组织、欧盟、美国等重要国际组织和国家陆续展开了对基础教育领域中的“核心素养”框架的研究。2006 年，欧盟出台的《为了终身学习的核心素养：欧洲参考框架》（Key Competences for Lifelong Learning：A European Reference Framework），归纳出了包含八个领域的核心素养模型，分别阐明了每一核心素养的具

[1] Gábor Halász and Alain Michel, “Key Competences in Europe: interpretation, policy formulation and implementation,” *European Journal of Education* 46,no.3(Sep.2011): 289–306.

体内涵，并建议各国将其作为推进终身学习和教育与培训改革的参照。[1]美国也在2009年出台了《面向21世纪的学习框架》(Framework for 21st Century Learning)。此外，日本、新加坡等亚洲国家近年来也致力于提高学生在未来社会的竞争力，努力构建学生“核心素养”体系。

我国自十八大把立德树人作为教育根本任务之后，教育部门就组建专家团队，集中研究中国学生发展的核心素养。2016年9月13日，《中国学生发展核心素养》研究成果正式发布。该成果是教育部委托北京师范大学联合国内高校近百位专家成立课题组完成的。根据《中国学生发展核心素养》研究成果，核心素养以培养“全面发展的人”为核心，分为文化基础、自主发展、社会参与三个方面，综合表现为人文底蕴、科学精神、学会学习、健康生活、责任担当、实践创新六大素养，具体细化为人文积淀、理性思维等18个基本要点。

其中，文化基础，重在强调能习得人文、科学等各领域的知识和技能，掌握和运用人类优秀智慧成果，涵养内在精神，追求真善美的统一，发展成为有宽厚文化基础、有更高精神追求的人；自主发展，重在强调能有效管理自己的学习和生活，认识和发现自我价值，发掘自身潜力，有效应对复杂多变的环境，成就出彩人生，发展成为有明确人生方向、有生活品质的人；社会参与，重在强调能处理好自我与社会的关系，养成现代公民所必须遵守和履行的道德准则和行为规范，增强社会责任感，提升创新精神和实践能力，促进个人价值实现，推动社会发展进步，发展成为有理想信念、敢于担当的人。[2]

与此同时，国内学者们对于“核心素养”内涵的研究也相继开展着。

[1] 裴新宁、刘新阳:《为21世纪重建教育——欧盟“核心素养”框架的确立》,《全球教育展望》2013年第12期。
[2] 核心素养研究课题组:《中国学生发展核心素养》,《中国教育学刊》2016年第10期。

辛涛[1]、褚宏启[2]等学者从国际研究中概括分析核心素养的关键特征，例如，从世界经济合作与发展组织、欧盟、美国等重要国际组织和发达国家对核心素养的研究中，提炼出核心素养的特征，包括跨学科性、综合性、情境性、时代性和前瞻性等。

张华等学者从词源学意义上界定和分析核心素养的内涵，从核心素养的英文“key competence”出发，回到其原初含义去探讨核心素养的本真，将“核心素养”定义为“人适应信息时代和知识社会的需要，解决复杂问题和适应不可预测情境的高级能力与人性能力。核心素养是对农业和工业时代‘基本技能’的发展与超越，其核心是创造性思维能力和复杂交往能力。”[3]

学者们的研究表明，核心素养的功能已经超出了职业和学校的范畴，不只限于满足基本生活和工作需要，还有助于促进学生成为更加健全的个体，使其能够更好地适应未来社会的发展变化，能够促进社会的良好运行。

我国现阶段开展的综合实践活动课程实实在在地与时代脉搏相契合，注重在复杂情境中培养学生的核心素养。职业体验作为综合实践活动课程的四种活动方式之一，旨在通过学生在真实或虚拟的情境中体验式学习，培育具备“核心素养”的健全个体，使其能够更好地适应未来社会的发展变化。所以，在设定职业体验活动的目标时，我们需要着眼于“核心素养”的育人目标，把通过活动可望获得的“核心素养”做具体的分解与说明。

（二）基于中国学生发展核心素养框架确立职业体验目标

对于通过职业体验活动而期望获得的核心素养，可以以“中国学生发展核心素养”框架为引领进行设定。结合职业体验活动本身的特性，可考虑将之更多地凸显在框架中的“自主学习”“健康生活”“责任担当”

[1] 辛涛、姜宇、刘霞:《我国义务教育阶段学生核心素养模型的构建》,《北京师范大学学报（社会科学版）》2013 年第 1 期。

[2] 褚宏启、张咏梅、田一:《我国学生的核心素养及其培养》,《中小学管理》2015 年第 9 期。

[3] 张华:《论核心素养的内涵》,《全球教育展望》2016 年第 4 期。

和“实践创新”等维度。一是在“自主学习”维度，可以考虑的目标内容包括但不限于：形成系统观察、分析和质疑职业体验活动中出现问题的习惯；通过掌握科学的学习方法提高自身的学习效率，从而自如应对课堂以外的各类学习；具备规划与管理自己学习、工作和生活的意识及能力，能够在快速变化的时代最大限度地实现自我发展。二是在“健康生活”维度，可以考虑的目标内容包括但不限于：通过职业体验积极与人交流沟通；认清自我，拥有积极的自我概念，形成持续发展自身生涯之路的能力；以积极健康的状态管理当下的学习与生活。三是在“责任担当”维度，可以考虑的目标内容包括但不限于：通过职业角色明确自己的职责，形成良好的社会责任观；加深对职业角色的认识度并强化自身的责任担当意识；通过理解人生理想与职业理想的关系，增强对他人、家庭和社会的责任感。四是在“实践创新”维度，可以考虑的目标内容包括但不限于：通过体验一定的职业角色来认识劳动世界，形成正确的劳动观念和热爱劳动的态度；通过深化自己的劳动体验，养成良好的劳动品质和劳动习惯；发掘技术学习的兴趣，关注日常生活和周围环境中的技术问题；初步形成从事技术活动和进行技术学习的热情，理解从事技术活动必须具备的品格与态度，进一步激发自身的创造力。

对学生核心素养的培育，绝不是单学科教学所能达成的。现实社会面临着大量的综合性问题，越来越体现出自然、社会与人之间的复杂联系，这些问题的解决需要多学科的联合和协作，需要超越各学科的视野和思路。因此，学校教育要为学生提供综合学习的机会，帮助他们建立起整体的世界观和方法论。在这样的视野之下，任何学科的内容只是促进人发展的一个素材。只有将不同学科的知识与能力相“关联”，将知识与知识运用的情境相“关联”，才可能提升学生整合不同学科知识的能力，才可能切实促进一个“人”的发展，达到真正实现培养全面发展的人的目的。[1] 综合实践活动课程就是一个这样的平台，职业体验就是让学

[1] 寿延、亓玉田：《跨学科课程的设计与实施》，《基础教育课程》2018 年第 22 期。

生面对综合性问题、感受综合性问题、思考综合性问题、解决综合性问题的重要载体。

二、生涯教育视角下看职业体验活动的目标设定

由于职业体验对于学生的生涯发展有着不可忽视的贡献，因此把中小学综合实践活动课程中的职业体验活动作为学校生涯教育的有效实施途径，无论如何都具有很强的适切性。从生涯教育的视角来看职业体验活动的目标设定，主要包含以下四个方面：

第一，唤醒生涯意识。职业体验活动可以初步使学生接触到各种不同的职业生活，并意识到个人在能力、兴趣、个人需要和价值方面的差异，扩充学生对自我的认识，唤醒初步的生涯发展意识，让学生开始思考未来。

第二，形成生涯志趣。职业体验活动能够让学生发现自己的兴趣和特长，并在体验中进一步了解自己的兴趣、能力、特长、价值观等，同时通过加深对社会及职业的了解与认知进而探究自己的职业兴趣与职业能力，再将自己的能力结构与职业要求相结合，找到个人生涯发展的方向。

第三，理解生涯角色。职业体验活动可以让学生了解社会上一些常见职业的工作内容，理解自己在一生的历程中所要担任的不同社会角色，知道自己在不同年龄阶段所要承担的社会职责，明白迫于生计的职业生活、实现人生价值的职业生活和快乐的职业生活这三者之间的辩证关系，从而理解职业生涯规划对个人发展的重要意义，并将其与当下的学习生活联系起来。

第四，发展生涯决策力。职业体验活动能促进学生对生涯发展道路进行思考，有助于学生做出有益于生涯发展的决策，能确立起生涯目标，制订并执行生涯计划，还能经常回顾和反思自己的生涯计划，不断对其进行调整以确保实现。这也表明，在职业体验过程中培养学生的信息收集能力、分析能力、反思能力、选择能力是非常重要的。

如果我们把这四个维度的目标与不同的学段相联系，那么在不同的学段中，这些目标的设定又具有不同的侧重点。已经有学者尝试着把职业体验活动的具体目标按小学阶段、初中阶段和高中阶段进行界定，并根据不同学段的具体目标分析不同的主题选择。[1]

小学阶段的目标：小学的职业体验在3—6年级开展，这个年龄阶段的学生大多处于职业幻想期，他们能从外界感知到许多职业，对于自己觉得好玩和喜爱的职业充满幻想并进行模仿。这一阶段开展职业体验活动，以理解并遵守公共空间的基本行为规范、初步建立自我与职业之间的关系为目标，主要从学生身边对技能要求较低的职业中选择体验岗位，了解职业的基本环节和流程。基于对这个阶段学生身心成长特征和职业体验目标考虑，小学阶段应当初步体验职业，感受不同职业的劳动，体会各种职业劳动的艰辛，培养尊重别人劳动成果的意识，体会劳动创造幸福生活的内涵。

初中阶段的目标：初中阶段学生处于职业尝试期，心理和生理迅速成长发育和变化，独立意识开始形成，知识积累显著增长，各方面能力显著增强，初步懂得社会生产和生活的经验。这一阶段开展职业体验活动，目的在于发展学生的兴趣专长，形成积极的劳动观念和态度，具有初步的生涯规划意识和能力。为实现这一目标，初中开展的职业体验活动应在体验的基础上，更加关注学生对职业的认识和思考，即能够在职业体验中分析自我、认识自我，形成正确的自我评价，为将来择业奠定基础。

高中阶段的目标：高中阶段学生即将以成人身份步入社会，处于职业现实期，部分学生将开始社会劳动，学生应当能够客观地把自己的职业愿望或要求同自己的主观条件、能力以及社会现实的职业需要紧密联系和协调起来，寻找适合自己的职业角色。开展职业体验活动的目标在于深化社会规则体验，初步体悟个人成长与职业世界、社会进步、国家

[1] 黄琼:《中小学职业体验活动要抓住关键要素——〈中小学综合实践活动课程指导纲要〉“职业体验”主题解读》，《人民教育》2018年第Z1期。

发展和人类命运共同体的关系，增强根据自身特长进行生涯规划和职业选择的能力。

根据这样的目标设定，学者黄琼还进一步分析了《指导纲要》推荐给各个阶段的主题：[1]

在小学阶段，基于对这个阶段学生身心成长特征和职业体验目标考虑，《指导纲要》推荐了“找个岗位去体验”这一开放性主题，意在让学生通过在学校周边商场、图书馆、派出所、环保局等单位体验理货、整理图书、打扫卫生、协警等岗位，初步体验职业，感受不同职业的劳动，体会各种职业劳动的艰辛，培养尊重别人劳动成果的意识，体会劳动创造幸福生活的内涵。这种开放性的主题设计，既能指导学校如何体现职业体验活动的关键要素，也能给予学校自主设计的空间。同时，《指导纲要》推荐了“我喜爱的植物栽培技术”“来之不易的粮食”“我是小小养殖员”“走进立法、司法机关”等活动主题，为学校开展职业体验提供参考。

在初中阶段，《指导纲要》推荐的活动主题是“职业调查与体验”，即要求学生了解或亲身体验父母、亲戚所从事的职业，大致了解职业分类；选择某个职业进行体验，感受职业生活的辛苦与快乐，初步尝试制定自己的职业生涯规划；培养自我规划意识，为将来选择和规划职业奠定基础。这一活动设计旨在引导初中生认识更多的职业，关注职业角色的社会地位、社会意义，了解各种职业的要求，并结合自身条件和能力培养职业兴趣。其他推荐主题中，“军事技能演练”是对初中阶段开展军训活动的落实，“走近现代农业技术”一方面是对小学阶段种植、养殖活动的深化，另一方面也是为农村学校开展职业体验活动提供思路。

在高中阶段，《指导纲要》推荐的高中职业体验活动主题为“高中生生涯规划”，学生通过收集信息了解生涯规划常识，进行相关心理测试，多种途径调查了解自己的理想职业，进行职业体验，整体规划自己的职业生

[1] 黄琼：《中小学职业体验活动要抓住关键要素——〈中小学综合实践活动课程指导纲要〉“职业体验”主题解读》，《人民教育》2018 年第 Z1 期。

涯，并对其他同学的生涯规划提出建议，积极为今后的人生发展做好准备。这一活动设计旨在引导高中生进一步加深对职业的认识，并能客观、现实、讲求实际地规划职业生涯。同时，推荐了“创办学生公司”主题，旨在让学生在经营公司过程中，了解社会运转的基本规则，体验创业过程。

三、《指导纲要》视角下看职业体验活动的目标设定

（一）职业体验活动总体目标在各学段的侧重点

对于职业体验活动的目标，《指导纲要》有明确阐述：“职业体验……注重让学生获得对职业生活的真切理解，发现自己的专长，培养职业兴趣，形成正确的劳动观念和人生志向，提升生涯规划能力。”从中我们不难发现，《指导纲要》主要从培养学生的生涯规划能力和劳动素养两个方面来阐明职业体验活动的总体目标。对于小学、初中和高中这三个学段职业体验活动目标的设定，我们也可以尝试在这样两大维度中考虑不同的侧重点。（见表 10-1）

表 10-1　职业体验活动总体目标在各学段的侧重点

学段	小学	初中	高中
职业体验目标	●获得职业启蒙性认知以及情感体悟，体会劳动的艰辛，形成尊重劳动成果的意识； ●初步建立对职业和自我兴趣的认识，在社会、职业和自我之间建立初步的联系； ●进一步端正学习态度、明确生活和学习目标。	● 大致了解职业分类，认识不同职业的特性； ● 初步形成自我规划意识，尝试制定自己的职业生涯规划，为将来选择和规划职业方向奠定基础； ●形成正确的职业观与劳动观，积极探索未来的生活方式及出路。	●在对个性、特长的判定上，以及目标展望和如何达到目标的计划安排上，体现出对自我的更充分认识； ●逐步形成清晰的主体意识，对自己未来的社会定位和职业选择做出基本规划； ●树立生涯意识及责任意识，增强自主选择的动机，实现自我发展。

（二）职业体验活动在四大目标维度的侧重点

《指导纲要》不仅对中小学综合实践活动课程的总目标进行了阐述——学生能从个体生活、社会生活及与大自然的接触中获得丰富的实践经验，形成并逐步提升对自然、社会和自我之内在联系的整体认识，具有价值体认、责任担当、问题解决、创意物化等方面的意识和能力；它更在价值体认、责任担当、问题解决、创意物化四个维度，对综合实践活动课程提出了具体的课程目标。

第一，在“价值体认”维度：深化社会规则体验、国家认同、文化自信，初步体悟个人成长与职业世界、社会进步、国家发展和人类命运共同体的关系，增强根据自身兴趣专长进行生涯规划和职业选择的能力，强化对中国共产党的认识和感情，具有中国特色社会主义共同理想和国际视野。

第二，在“责任担当”维度：增强服务意识，养成独立的生活习惯；愿意参与学校服务活动，增强服务学校的行动能力；初步形成探究社区问题的意识，愿意参与社区服务，初步形成对自我、学校、社区负责任的态度和社会公德意识，初步具备法治观念。

第三，在“问题解决”维度：能对个人感兴趣的领域开展广泛的实践探索，提出具有一定新意和深度的问题，综合运用知识分析问题，用科学方法开展研究，增强解决实际问题的能力；能及时对研究过程及研究结果进行审视、反思并优化调整，建构基于证据的、具有说服力的解释，形成比较规范的研究报告或其他形式的研究成果。

第四，在“创意物化”维度：积极参与动手操作实践，熟练掌握多种操作技能，综合运用技能解决生活中的复杂问题；增强创意设计、动手操作、技术应用和物化能力；形成在实践操作中学习的意识，提高综合解决问题的能力。

职业体验活动作为综合实践活动课程规定的四种主要活动方式之一，是综合实践活动课程的有机组成部分，虽然有一定的独立性，但并不是孤立于其他活动方式之外的。因此，综合实践活动课程范畴中的职业体验活动必然与《指导纲要》所要求的总目标相契合，即也需要在价值体认、责任担当、问题解决、创意物化等方面有所侧重地关注对学生的培养。

在价值体认维度，职业体验活动一方面侧重于使学生形成正确的职业观，进而树立正确的世界观、人生观、价值观。中小学学生在职业体验过程中不可避免地会对职业世界持有不同看法，比如认为读书无用，即认为工作中学校学习的大部分知识不能派上用场，或者轻视体力劳动，认为从事体力劳动的人比从事脑力劳动的人低一等。因此，在职业体验活动中我们不仅要让学生体验岗位工作，还需要注意价值引导，组织学生开展有关职业的反思研讨，从中帮助学生分析社会分工，了解职业只有分工不同没有高低贵贱之分，正确认识职业对个人素质的要求，让学生克服职业偏见，形成健康积极的职业心态和价值取向。另一方面，职业体验活动有助于形成学生对劳动的正确认识与态度，因此我们在设定目标之时既要关注通过特定职业体验过程而期待学生认同的一些具有专业性的职业精神，比如对特定职业道德规范的遵守；同时我们也需要关注他们通过特定的职业体验过程获得一些普适性的职业精神，比如一丝不苟、精益求精、至臻完美的工匠精神。

在责任担当维度，一方面职业体验活动可从知、情、意、行等不同层面对学生的责任与担当产生影响；通过加深对职业角色及其相应的职业生活的认识，提升学生对特定职业道德与职业规范的理解，从而形成其对自身、对他人、对家庭以及对社会负责任的态度。比如，学生一般对医生这个职业都有一个笼统的认识——救死扶伤，但是很多孩子恐怕对于不同岗位医务人员的具体工作是不了解的，更无法感受选择了这个职业之后自己的整个生活会有怎样的变化。与之相关的职业体验活动有助于学生更加近距离地接触医务人员的职业世界，了解他们的职业使命、工作态度。倘若将来他们从事相关工作，会因此而增加一份从事医务工作的责任感与使命感；若是不从事相关工作，他们也会对医务工作者多一分理解和尊重。同时，我们还要引导在不同职业岗位体验的学生去挖掘所体验职业领域中职业人群爱岗敬业、积极进取、刻苦钻研、不断创新的劳动精神，因为这些共同的精神有助于增进学生成为“有责任、敢担当”的职业人的主动性，也有助于他们将来在不同的职业岗位上继续将其发扬光大。

在问题解决维度，职业体验活动侧重于使学生在体验中学会解决问题，积累发现问题、解决问题的经验，掌握解决问题的方法，提高分析问题、解决问题的能力，并在活动过程中发现自己的特长和兴趣所在，为将来职业的选择打下坚实的基础。比如，学生在体验快递员这一职业时，不仅要将邮件送往目的地，还要考虑如何分拣邮件、安排路线以节约时间、提高工作效率等问题。所以，职业体验过程中相关问题的解决，有助于提升学生敢于并善于解决问题的意识和能力。

在创意物化维度，职业体验活动可使学生有机会通过实际操作而尝试创新，通过制作或改善作品来提升自己的实践创新能力，为自身的生涯发展奠基。比如，学生体验产品设计人员、研发人员的工作，从设计图纸到优化方案到制作成品，从市场需求调查到产品改良，每个环节都激发着学生的实践能力与创新能力。

基于此，我们尝试细化了各个学段的职业体验活动在上述四个维度的具体目标（见表 10–2）。

表 10-2　职业体验活动目标侧重点在四个维度的学段化分解

学段 目标	小学	初中	高中
价值体认	● 学生走近职业，形成对职业的感性认识，能够初步了解、分析和评价不同的职业生活； ●能反思自我，发现自己的职业兴趣所在，达到初步认识自我的目的； ●体验并了解职业的基本环节和流程，体会劳动的艰辛，培养尊重别人劳动成果的意识，体会劳动创造幸福生活的内涵。	● 能够理解日常生活学习与未来生活方式的关系，理解各种职业的社会作用与意义； ●能够思考自己的生活方式，根据自己的兴趣和特长描绘未来的理想职业，并据此设立当前的目标并为之不断努力； ●理解人生理想与职业理想的关系、职业与个体成长发展的关系，形成良好的劳动习惯和正确的劳动价值观。	●能够分析适合自己的职业类型，在选择课程、专业和高校的过程中提升生涯选择与决策能力，并能围绕生涯目标发展潜能； ● 树立终身学习的信念，具备终身规划与管理自己的学习、工作和生活的意识及能力； ●能深化自己的劳动体验，养成正确的劳动、生活及学习态度，形成职业平等的职业信念，培养初步的创业精神。
责任担当	●初步理解不同社会角色的工作及职责； ●学会理解、体谅父母和老师，初步形成对自我、学校及社区负责任的意识。	● 能够形成对个人、家庭和社会负责任的态度； ● 树立道德与职业规范意识，懂得作为劳动者的责任与义务。	●明确成人的含义及成年人的责任； ●理解自己在社会中应担负的责任，增强责任意识和法治观念。
问题解决	●能结合学校、家庭生活中的现象，发现并提出自己感兴趣的问题； ●学生能够把问题转化为小课题进行探究，在老师和家长的帮助下寻找初步的解决方案，并形成对问题的初步解释。	●能关注并思考自身的生涯发展问题，或者学习生活、社会生活和职业生活中的相关问题； ●能形成初步的解决方案，包括基本符合规范的研究报告或其他形式的研究成果。	●能对个人感兴趣的领域开展较广泛的实践探索，提出具有一定新意和深度的问题； ●综合运用知识分析问题，增强解决实际问题的能力，尤其是与升学或将来的职业选择相关的问题。

续表

学段 目标	小学	初中	高中
创意物化	● 通过积极的劳动体验尝试创新，培养动手操作能力； ●能形成具有个人创意的展示品，包括手工制作、绘画作品及以文字材料形式呈现的活动感悟等。	●运用一定的操作技能解决职业体验中遇到的问题，将一定的创意付诸实践； ●利用现有资源制作或改进较为复杂的作品，在劳动中创新。	● 能积极参与实践，积累素材，提高自身的创意设计、动手操作、技术应用和物化能力； ●能将自身的创造性想法与自身的生涯发展相结合。

亦有研究者结合具体的职业体验主题活动，分析了上述四大维度目标的达成情况。[1]

在价值体认维度：以“我是科技讲解员”为例，在活动中，学生去科技馆参观，认识和了解科技，感受科技的魅力；通过观察、调查、采访等方式，了解科技讲解员的工作职责与意义；通过收集资料，了解讲解员职业的礼仪、礼节与素养。在对科技讲解员有了一定认知的基础上，学生进行“模拟科技讲解员”的职业体验活动。学生准备讲解稿，记忆讲解稿，再进行实际讲解。在一系列的体验活动中，学生切身体会该职业，形成对讲解员职业的认知，理解讲解员的辛苦，提高多方面的能力。更为重要的是，本次的职业体验活动有效地激发了学生热爱科技的积极情感，帮助学生树立了“爱科技、学科技、用科技”的积极理念，促进学生形成和提升了对科技积极、正确的价值体认。

在责任担当维度：以“走进敬老院”为例，学生走进敬老院，慰问孤寡老人，给他们送去关爱和温暖。活动提供了很多实际的岗位演练，学生体验了“表演艺术家”的职业，为老人们送上精彩的节目，愉悦了他们的心情；学生体验了“按摩师”的职业，给老人们捶背、按摩，让他们的身体得到放松；学生体验了“保洁员”的职业，帮老人们打扫、

[1] 胡谨:《浅谈在综合实践活动中实施职业体验活动的价值》,《小学教学研究》2019年第7期。

做清洁，给他们一个整洁的生活环境。这一系列的职业体验活动，使学生了解了敬老院的老人们，引发他们对社会问题的关注；了解不同的职业，唤起他们的服务意识；了解社会，提升他们对他人、对社会的责任和担当意识。

在问题解决维度：以“饮食与健康”为例，学生在饮食中发现问题，提出自己感兴趣的话题，转化为小课题进行探究，提升自己对健康饮食的认知和理解，而活动的总结环节就是让学生进行“我是小小营养师”职业体验活动，学生要以营养师的身份，总结汇报自己研究的成果，从营养师的角度提出对健康饮食的理解。另外，学生还需要分析现实生活中某一种饮食习惯的好与坏，并给出健康饮食的科学建议。这样的职业体验活动，让学生将学习到的理论知识与生活实践相结合，时刻提醒他们在以后的生活中要更加健康地饮食，比起教师的讲解和父母的督促，效果自然要好很多。

在创意物化维度：以“数字声音与生活”为例，让学生体验“我是小小配乐师”：第一步，为诗朗诵配乐，学生仔细聆听备选音乐，体会不同数字声音的意境，再根据朗诵的诗歌内容尝试配乐，最终选择最佳背景音乐进行朗诵，学会根据不同的场合和情境选择合适的数字声音；第二步，对校园里使用的数字声音提出自己的看法，再来设计、选择自己想要的数字声音，为校园生活增光添彩，初步展示自己的创意；第三步，尝试录制和保存数字声音，并为自己的数字声音找到合适的场景，尽情发挥自己的创意。这三步的职业体验活动，层层递进，逐步激发学生的创新意识，提高学生的创新能力。

从多视角对职业体验活动的目标进行解析，是为了进一步深化在当前学校课程改革以及《指导纲要》出台的背景下对综合实践活动课程的理解，因为课程目标的设定是职业体验活动真正走向课程的第一步。

下编　职业体验

第十一章

职业体验的方案规划

《指导纲要》要求，“中小学校应对综合实践活动课程进行整体设计，将办学理念、办学特色、培养目标、教育内容等融入其中。要依据学生发展状况、学校特色、可利用的社区资源对综合实践活动课程进行统筹考虑，形成综合实践活动课程总体实施方案。”这当中需要着重考虑与学校的学年（或学期）计划相配套，考虑针对不同学段、不同年级、不同个体学生的需求以及学校的实际情况来合理规划。因此，需要注意在规划中明确职业体验活动开展的主题、课时安排、活动的组织形式以及参与人员，还需要资源支持、建立激励与保障制度等。

为了使开展的职业体验活动能达到预期目标，我们需要在具体的方案规划中注意几个方面的问题：在选择主题时要把握好主题选择的思路；在课时落实中要从整体上进行考量；在安排人员、地点、情境等要素时，要注意选择合适的组织方式；在设计活动过程时，要关注指导的有效性；在筹划可能的活动项目时要注重资源的开发与利用；在提升活动质量时要注意兼顾不同活动方式间以及学科间的整合。

一、把握主题选择思路

在选择职业体验活动主题的过程中，首先要考虑学校既有的文化传统和自身的资源优势。例如义乌市幸福湖小学，选择以“枣文化”作为学校综合实践活动课程的主题，并在此基础上尝试开发系列的职业体验活动，地域性的文化和资源特色以及学校课程建设的方向是其中的重要因素。一方面，立足于学校的乡土特色。“幸福湖小学地处义乌枣主产地——后宅。悠久的栽培历史、精湛的制作技术、多彩的民俗民风等资源而生发的枣文化，值得我们学习、研究，是开发学校课程及校园文化建设的一笔宝贵财富。选择‘枣’文化，既是源于丰富的研究资源与条件，也是源于后宅人民浓浓的乡土情怀。只有本土的，才是最有特色的。‘义乌枣文化’主题将乡土文化与学科知识交融、互渗，整合校内与校外、课内与课外的各项资源。它具有挑战传统课程的精神状态，表现出对乡土文化的自信。”另一方面，在搬迁至新校园时，“幸福湖小学在进行以‘枣’文化为核心的综合实践活动课的建设中，做了充足的准备工作。建立‘枣’文化研究领导小组，对‘枣’文化进行深刻的研究；引进栽种有特色的枣树，形成以枣为特色的校园景观；规划初建校园‘枣文化长廊’，在校园走廊、教室、办公室等多种场所体现‘枣文化’特色。校园环境的建设不仅为综合实践活动提供课程资源，同时也营造了良好的文化氛围”[1]。

在开发具体的职业体验活动时，要符合当前学校的育人目标，要基于学校综合实践活动课程的总体目标。幸福湖小学在这样的前提之下，将职业体验活动的目标细化为低段、中段和高段三个维度（见表 11–1）。

表 11–1 “枣文化”综合实践活动之职业体验活动目标

	低段活动目标	中段活动目标	高段活动目标
认识职业	了解在枣的生长、加工、销售过程中枣农、枣工、枣商等职业。	了解“枣文化”相关职业的基本特征，并了解相关职业的基本工作流程。	了解“枣文化”相关职业在社会发展中的状况，尝试发现问题。
体验职业	在枣农及教师的组织与指导下，经历枣树栽培管理的全过程，能够简单地观察记录枣树的生长。（枣农）	在指导人员的帮助下，了解相关枣产品加工制作的过程，学会使用枣产品生产加工的工具，亲历枣产品的加工与制作。（枣工）	了解枣流通的基本情况，通过市场、实体店、网店等平台，体验枣产品的销售与流通。（枣商）
感悟职业	逐步形成积极的劳动观念和态度，养成关注自然科学的生活态度。	发展实践与创新意识，并能在实践中分享劳动感受，形成积极参与社区生活的态度。	增强服务意识，提高服务技能，初步形成生涯规划意识和能力，树立正确的人生观、价值观。

这样的活动目标蕴含着“枣生产——枣加工——枣流通”三个外在环节和“认识职业——体验职业——感悟职业”三个内在环节，并从价值体认、责任担当、问题解决以及创意物化的四大维度进行适当设定，一定程度上体现了《指导纲要》精神，促进学生从认识自然到参与社区活动，从探知身边的实物到融入社会生活，以“枣文化”为切入点加深对自然、自我和社会的理解。[2]

[1] 季敬堂：《义乌枣文化综合实践活动案例精编》，浙江科学技术出版社，2019，第 2–3 页。
[2] 摘自义乌市幸福湖小学课程材料，2019 年 5 月。

二、考量课时整体安排

对于课时安排，《指导纲要》中有对小学至高中的综合实践活动课程总体最低课时数的规定：综合实践活动课程在小学1—2年级，平均每周不少于1课时；小学3—6年级和初中，平均每周不少于2课时；高中执行课程方案相关要求，完成规定学分。同时，《指导纲要》也对课时的安排提出了建议：要求在开足规定课时总数的前提下，根据具体活动需要，把课时的集中使用与分散使用有机结合起来。要根据学生活动主题的特点和需要，灵活安排、有效使用综合实践活动时间。学校要给予学生广阔的探究时空环境，保证学生活动的连续性和长期性。要处理好课内与课外的关系，合理安排时间并拓展学生的活动空间与学习场域。

基于此，学校在规划职业活动时，需要根据职业体验活动的主题、地点等情况来选择并安排适合的时间。从目前的实践情况来看，学校一般利用寒暑假、节假日等时间安排需要较长时间的校外职业体验活动，也可以集中课时，以“职业体验日 / 周”等具有学校特色的方式安排；在校内的职业体验活动则可以利用学科教学之外的时间灵活组织。同时，学校也可以采用分散安排的方式，形成“嵌入式”的体验课程环节；或是与学科课程的教学时间相整合，形成“学科 +”的课程实施时间，例如杭州市丁兰实验中学在学校的“都市屋顶农场”和“生态牧场”体验活动中，与语文、科学、英语、社会课相结合。“三月，学生在一片生机中品味语文课本里朱自清的《春》；四月，学生在温度、水分均适宜的条件下学习七下科学‘影响种子萌发的因素’；初夏，孩子们面对各式各样的动植物，学习它们的英语名称，制作英文介绍牌；秋天，学生了解社会课本里我国的南北差异对作物种植的影响；冬日，孩子们利用所学的杠杆、滑轮、浮力、压强等科学知识为小猪称重、义卖。通过都市屋顶农场和生态牧场，学生将书本里枯燥的文字和眼前活生生的动植物联系了起来，产生了极好的效果。”[1]

三、明确具体组织方式

综合实践活动课程的特点决定了其组织形式的丰富多样：一方面，与学科课程相比，活动课程更具生成性，是无法固定和预期的；另一方面，在开发过程中不同的学校在不同的地理环境、课程资源和文化处境中必然生发出不同的课程样态。[2] 职业体验活动旨在帮助学生探索丰富多彩的职业世界，活动主题也随着学生的兴趣、志趣变化，同时也由于不同学校所拥有的各种社会资源各异，组织的形式也会相应地有所不同。

影响职业体验活动组织方式的因素较多，依据参与对象、地点、时间等因素的不同，职业体验活动的组织方式也会呈现出多样性。一般而言，根据影响因素的不同，职业体验活动的组织方式可以从以下几个维度进行划分。

（一）从参与人数的维度看：小组体验 vs 个人体验

1. 小组体验

综合实践活动课程鼓励学生以小组合作的形式开展活动，因此小组活动是综合实践活动最基本的组织形式，小组的构成允许并鼓励各班之间、不同年级之间，甚至不同学校、不同地域之间学生的组合。[3]

就职业体验活动而言，学校可以事先组织学生报名，学生依据自身的职业兴趣有选择地参加职业体验活动，再以小组的形式集体到企业等工作场所开展参观、见习、实习或是人物访谈等活动。小组内的成员组合是否来自不同的班级、年级，则跟学校开展此项活动所设定的对象范围有关。在小组体验活动中，会涉及学生间的分工、合作等环节。

---

[1] 摘自杭州市丁兰实验中学课程材料，2019 年 4 月。

[2] 张华：《综合实践活动课程研究》，上海科技教育出版社 ,2009，第 190 页。

[3] 郭元祥：《综合实践活动课程：设计与实施》，首都师范大学出版社 ,2001，第 252 页。

2. 个人体验

这意味着职业体验活动以学生个人的、独立的形式开展，例如在跟着父母去体验职业生活、调查家庭成员职业情况、进行职业访谈等主题活动中，这种形式相对较多。就学校来说，以个人的方式组织职业体验活动相对简单，主要依靠学生自身的家长资源去寻找职业体验的场所，给予学生的自主性和自由性也比较大。

（二）从体验地点的维度看：校内体验 vs 校外体验

1. 校内职业体验

校园内部也存在着许多职业的类型，学校需要注重资源的开发与整合，为学生提供多样的体验平台。例如，教师是校园内部最常见的职业类型，然而不同学科或职务的教师也承担着不同的岗位任务，如教学岗、行政岗、科研岗等等；另外，校园内还存在着后勤、餐厅、安保、医务、图书管理等部门，也可以成为学生职业体验的场所。

除此之外，在学校组织的文体活动当中，也有学生能够进行职业体验的潜在可能性。例如，运动会上的播报员、记者、裁判等，文体艺术活动中的主持人、歌手、演员、导演、灯光师、音响师、摄影师等等。校园内的职业体验相对容易组织与灵活安排，教师应当充分利用学校活动的契机，挖掘为学生提供职业体验的机会，并从中适时开展指导。

2. 校外职业体验

挖掘丰富、有效的课程资源是保障职业体验活动顺利实施的基础。职业体验活动的特殊性决定了其活动开展很大程度上需要走出学校，这就要求学校与社会的各行各业通力协作，充分调动各方资源，使之成为开展职业体验活动的课程资源。[1]

因此，在校园外部的职业体验场所可涉及社会的各行各业，具体包含农村农业、生产加工、制造、文化娱乐、政务、科研教育、医疗卫生、

[1] 黄琼:《中小学职业体验活动要抓住关键要素——〈中小学综合实践活动课程指导纲要〉“职业体验”主题解读》，《人民教育》2018 年第 3-4 期。

商业等领域，常见的活动场所如社区、政府部门、医院、场馆、军营、农田、商场以及工厂等。组织校外的职业体验，需要学校充分挖掘与开发社会资源，加强联系与合作，同时要做好校外职业体验的安全教育及指导等工作。

（三）从情境是否真实的维度看：真实体验 vs 模拟体验

1. 真实情境下的职业体验

真实情境下的职业体验即学生亲身处在社会真实的职业场所或岗位，开展见习、实习等体验活动，与从业人员进行真实的对话与交流，或者从事与一定职业相关的真实的工作活动。

2. 模拟情境下的职业体验

模拟情境下的职业体验是指学生并未进入真实的社会职业场所，而是借助科学技术或模拟场景进行的职业体验活动。例如，杭州“Do 都城”、上海星期八小镇等作为少年儿童实践体验类场馆，创设了一个模拟的安全环境，参照真实的社会活动，开设了不同的职业场所，给予学生模拟职业体验的机会。此外，也可以通过利用 AR、VR 等科技设备，对一些难以进入真实职业场所的职业进行沉浸式的模拟体验，如提供在医院手术室进行手术的场景、在深海潜水工作的场景、在空中模拟飞行的场景等等。

（四）从体验时间的维度看：长期体验 vs 短期体验

1. 长期职业体验

长期职业体验是指学生对于某一职业拥有相对较长的体验时间或较多的次数，例如在集中的一段时间内连续体验，或者在一大段时间内多次体验。长期的职业体验是对某个职业有强烈兴趣和志向的学生所采取的形式，有利于学生对一定的职业环境、职业内容以及相应的职业生活有一个较为深度的、全面的了解与思考。

2. 短期职业体验

短期职业体验是指学生对于某一职业进行体验的次数相对较少，例如仅有一两次且在较短时间内实施体验。短期体验对于学校来说，较容易组织与实施，对于帮助学生接触、了解不同类型的职业，体验不同的职业角色，获得不同的职业认知、态度和情感体验有较大的作用。[1]

（五）从是否带薪的维度看：有偿体验 vs 无偿体验

1. 有偿职业体验

有偿职业体验即学生在进行职业体验后，会收到来自体验单位给予的报酬。这一般发生在学生以实习生身份，在一些企业单位真实地进行劳动后，所获得的报酬或补贴。

2. 无偿职业体验

无偿职业体验即学生以体验者、志愿者等身份，在一些企业单位进行观察、访谈、见习、协助等行为，并未获得来自单位的报酬。综合实践活动课程中的职业体验活动通常是无偿的职业体验。

（六）从是否有人员全程带领的维度看：师徒制体验 vs 独立体验

1. 师徒制下的职业体验

师徒制下的职业体验主要指学生在职业体验活动过程中，有来自职业场所的职业代表或指导老师，对学生进行经验的传授、技术的指导、疑问的解答等，带领学生更好地熟悉职业环境与相关内容。

2. 独立的职业体验

独立的职业体验是指学生以个人或小组的形式独立开展职业体验活动，没有专业人员的带领与讲解，根据体验活动前设定的任务或要求，由学生自主探索职业环境、摸索职业内容、感悟职业生活。

（七）从组织主体的维度看：单一导师来源的体验 vs 多元导师来源的体验

1. 单一导师来源的体验

这类职业体验活动的组织主体为学校本身，职业体验活动以学校内各个岗位部门或者学校举行的活动为载体，参与职业体验指导的主体是

[1] 周玲玉：《职业体验活动：性质、价值与实施》，《当代教育评论》2018 年第 7 期。

学校教师，他们负责对学生的职业体验活动进行引导、组织反思讨论等。学校及学校教师对于活动的介入相对较多，导师的来源相对单一。

2. 多元导师来源的体验

这类职业体验活动通常发生在校园之外，参与职业体验指导的主体为职场代表，以及校外承担职业体验活动机构安排的导师或者学校委托的人员，比如家长。学校教师虽然同样承担着指导的责任，但通常不直接在学生的职业体验过程中开展指导。

很多时候，上述不同维度的职业体验活动组织形式是相互结合而并不是单一使用的。活动组织形式对综合实践活动的顺利开展有着重要的影响。适合学校、学生特点的组织形式可以促使综合实践活动的参与者取长补短，精诚协作，群策群力实现目标；而不恰当的组织形式则会消磨学生的兴趣，招致学生的反感甚至相互推诿埋怨，无法保证活动的顺利推进。[1]

因此，学校在规划职业体验活动前，应依据各自学校的学生实际需求、教师的特点、文化传统和学校所在社区的时空条件、资源状况、发展需要等确定恰当的职业体验活动组织形式。

四、关注有效指导过程

正如《指导纲要》所指出的，“在综合实践活动实施过程中，要处理好学生自主实践与教师有效指导的关系。教师既不能‘教’综合实践活动，也不能推卸指导的责任，而应当成为学生活动的组织者、参与者和促进者。教师的指导应贯穿于综合实践活动实施的全过程。”在职业体验活动中，指导是一个不可或缺的重要因素。然而，由于职业体验活动依据体验地点与场所的不同，参与职业体验指导的人员除了教师之外，也有来自职场的职业人士或者家长等。所以，我们赞同通过有效的方式将所有教师和校外指导人员的智慧集中起来，对职业体验活动进行协同指

[1] 张华：《综合实践活动课程研究》，上海科技教育出版社，2009，第 190 页。

导。[1]

（一）有效指导的内涵性特征

教师的有效指导是实现综合实践活动课程价值的基本保证。[2] 职业体验活动需要发挥指导者的作用，引导学生有效地实现职业体验目标。有效指导主要体现在以下几个方面：

1. 基于信任的倾听与观察

倾听是指导者在综合实践活动课程中以信任学生为基础，秉持尊重和理解，用心走进学生内心世界的态度，倾听体现着理解、信任和欣赏。[3] 正如日本教育学者佐藤学认为："倾听者对发言者的关注、同感和共鸣，会在发言者心中产生一种信任感和依赖感，会拉近学习共同体中成员之间的距离；而且，通过倾听，倾听者能够在发言者观点的基础上展开思考，从而将学习引向深入。"[4]

倾听是尊重学生主体地位的体现，耐心的倾听与共鸣会拉近指导者与学生之间的距离，给予学生信任与鼓励，从而更好地促进学生的体验式学习。

观察是尊重学生主体性和自主性的体现，指导者记录学生在体验过程中的具体表现，提出建议与帮助。在职业体验活动过程中，教师要注意观察学生在解决问题、团队合作、实际演练、反思总结时的行为表现，在观察中发现学生的优点和不足，在必要时为学生提供个性化、针对性的指导。

2. 做渗透思考的指引

指引是指导者在综合实践活动课程中对学生的自主性实践进行点拨

---

[1] 廖先亮：《综合实践活动课程的理论与方法》，武汉大学出版社，2003，第 107 页。
[2] 郭元祥：《综合实践活动呼唤教师的有效指导》，《教育科学研究》2006 年第 8 期。
[3] 王丽华：《与学生同行：综合实践活动课程的教师指导策略》，《中小学管理》2017 年第 12 期。
[4] 佐藤学：《教师的挑战：宁静的课堂革命》，华东师范大学出版社，2012，第 151 页。

和引导。[1] 尤其在职业体验活动中发挥指导者的作用，组织与引导学生开展适切的反思，更是体现出体验式学习的基本特征——如前文所述，反思是体验式学习必不可少的重要环节。

学生在职业体验中的反思是对体验中所涉及的知识、能力、方法等方面的深入探究，能够帮助学生学会学习，激活智慧，发展思维。因此，在指导中要积极创造让学生反思的条件，做好强化学生反思意识、为学生创设反思情境、培养学生反思技能、建立互动的反思关系等，[2] 引导学生进行自觉的、有意义的反思。

具体而言，在学生职业体验活动之前、之中以及之后，教师都应当积极发挥指导者的作用。例如，在职业体验前，教师可以引导学生思考自己对该职业岗位的已有认识或设想，思考本次职业体验的个人目标，从性格、能力等方面思考该岗位的胜任力，从体验情境、体验任务等方面思考自身在体验中可能遇到的问题以及解决的预案等；在职业体验中，教师可以引导学生思考职业岗位的特点、所需的专业素养，发现与岗位相关的问题，探究问题产生的可能原因以及如何解这些问题，等等；在职业体验后，教师可以引导学生思考自己对该职业岗位的理解是否有变化、产生了哪些变化，思考体验活动的感悟收获以及今后的努力方向，思考这次职业体验活动对于自己未来的规划是否产生影响、产生了什么样的影响等。

需要指出的是，指导教师自身需要具备正确的劳动观、价值观，帮助学生树立劳动光荣、辛勤劳动、诚实劳动、创造性劳动等观念，帮助学生理解广义的职业内涵；也需要在指导过程中注意指向学生未来的生涯发展，帮助学生将职业体验的收获与未来个人生涯的发展相结合。

---

[1] 王丽华：《与学生同行：综合实践活动课程的教师指导策略》，《中小学管理》2017 年第 12 期。

[2] 郑菊萍：《反思性学习简论》，《上海教育科研》2002 年第 8 期。

（二）有效指导的外显性特征

在职业体验活动中的指导，要注意针对性、生成性以及学科性。由于学生个体的差异，在性格、能力、职业倾向、生涯成熟度方面都有所不同，而且学生选择参与的职业体验活动领域也可能各不相同，其所面临的生涯困惑也有差别，这就需要指导者依据具体问题开展具体指导，能够个性化地、有针对性地指导每一位学生。

职业体验活动中学生主动参与并实践，具有开放性。在学生亲身开展职业体验的过程中，他们可能会触及各种问题，对职业、职业生活的认知与理解也处于不断变化、动态调整的状态。这就需要指导者能够注意并应对学生的变化，及时调整指导内容与方式。

职业体验活动虽然是跨学科的实践活动，但是在学生体验过程中可能会遇到需要结合学科内容加以分析和解决的问题。这就需要指导者，特别是学校的教师，发挥学科教学的能力，在活动指导中渗透学科的知识、技能、方法与思维，注重学科教学与跨学科学习之间的关联，促进学生学习能力的提升。需要注意的是，这并不是说能把职业体验活动变成单学科的探究活动。

（三）应避免“指导缺席”

委托校外相关组织或人员（如家长）负责现场职业体验的活动当中，应避免学校教师仅仅作为活动的组织者而游离于学生的体验活动过程之外。

在实际的职业体验活动开展中，教师要注意避免出现“指导缺席”的情况。例如，教师带领学生到达“Do 都城”开展模拟体验，往往仅负责对学生进行点名签到和带队往返，在活动前后忽略了对学生进行一系列的关注与指导。又如，教师在假期前布置学生跟着家长体验岗位的任务，提出要对活动进行记录、撰写感想报告的任务（甚至都没有提出具体的、明确的任务），假期中把学生的体验过程完全放手给家长，假期后仅是收集了学生的若干书面材料，对学生在体验过程中的情况不甚了解，也缺少后续对学生的反馈与评价。教师作为学校综合实践活动课程的主要指导者，对职业体验活动指导的缺失必然会导致学生职业体验活动的效果大打折扣，同时也会影响综合实践活动课程的地位与作用。

因此，在委托校外相关组织或人员（如家长）负责现场职业体验活动的情况下，对职业体验活动的规划应当更加关注教师在活动的准备阶段、总结阶段和经验应用阶段开展有效指导。在准备阶段，教师可以提前安排并指导学生确定职业活动的主题，详细说明职业体验活动的任务（如需要收集的资料、制订的方案），并告知相关的职场礼仪、安全知识、注意事项等，特别要针对体验过程中可能出现的不确定性，让学生带着问题去、带着思考回，借以将活动前的指导内容延伸至活动中。在职业体验活动结束后，教师需要指导学生通过资料撰写、资料整理、交流展示等方式对职业体验的过程进行总结，生成反思，从而将活动后的指导内容回溯至活动中，并进一步引导学生将其应用在未来的学习和生活之中。

五、重视资源的利用与开发

职业体验活动的实施不仅依靠校内的资源，更需要向校外延伸，以优化组合学校内的课程资源和社会课程资源。

利用与开发职业体验活动的课程资源，首先，学校要对课程资源进行评估，在明确学校学生开展职业体验活动的目标基础上，通过对学生兴趣、职业倾向的调查，明确学生对资源的需求，例如学生希望到哪些类型的企业参观学习、体验哪些类型的岗位、了解哪些岗位的信息资讯等等。

其次，学校要对课程资源进行盘点与挖掘，主要包含物质、实地、信息资源三个方面。在物质资源方面，主要指学生参与职业体验所需的物质支持，例如虚拟体验的 VR 设备、体验中记录的数码设备等；在实地资源方面，主要指学生参与职业体验的实践地点，除了校内，还有愿意接受学生参与体验的相关的企业、场馆、单位等。学校既可以利用学生家长的力量，发现家长中潜在的实地资源，也可以自主联系有关部门，建立合作关系，构建体验基地。在信息资源方面，则主要指学生可以利用的网络信息资源平台，帮助学生了解职业相关信息，记录活动资料等。

在此基础之上，学校还可以对相关的课程资源进行整理与分类，建立资源数据库，以方便学校师生对资源进行查询和使用，提高使用效率，为学生提供并创设适当的职业体验情境。

利用与开发资源，实际上是学校借各种“力”来更好地开展职业体验活动。例如，可以向研学旅行借力，开展“小小导游员”的体验；向学校食堂借力，开展“小小分餐员”的体验；向园艺部门借力，开展“小小种植员”活动；向商家借力，开展“小小营业员”活动；向社会餐厅借力，开展“小小服务生”的体验；向共建单位借力，开展“小小消防员”的体验。[1]

杭州市丁兰实验中学的校内特色职业体验基地丰富多彩，有陶艺基地（春晖楼 1 楼）、厨艺基地（学校食堂）、农场基地（校园屋顶）、牧场基地（生态猪圈）、图书基地（校图书馆）、科技基地（低碳科技馆）、软件设计基地（计算机房）、医务护理基地（校医务室）；校外的特色职业体验基地和系列活动有：江干区中小学生研学实践教育营地、余杭长乐青少年实践基地、富阳洞桥户外实践基地、模拟联合国青少年峰会等，学生在那里进行实践、体验生活、尝试创造、学会分析、萌生感恩。[2]

杭州市源清中学为了在新高考政策下更好地帮助学生进行生涯规划，主要是借力高校和企事业单位进行职业体验活动。该校迄今与在杭近 20 所高校就学生的职业体验建立了联系，其中已经与浙江大学教育学院、浙江工业大学、杭州电子科技大学、浙江理工大学、浙江中医药大学、

[1] 杨金珍：《在职业体验中快乐成长——借力开展职业体验活动初探》，《当代教育评论》2018 年第 8 期。

[2] 摘自杭州市丁兰实验中学课程材料，2019 年。

浙江科技学院、中国计量大学、浙江海洋大学以及浙江农林大学等高校签约；同时也与蘑菇街、汇梦空间、新天地跨贸小镇、铭品装饰、乐漫土、全峰快递、方圆测绘、夏加尔教育等企事业单位逐步建立起经常性联系。在高校与企事业单位的支持下，学校开展了一系列体验活动。例如，为了让学生能够对相关高校及其专业有更好的了解，学校安排45名有志于从事企业经营的学生，于2017年的7月5日至7日在浙江理工大学经济管理学院的沙盘实验室，经历了三天的企业经营模拟活动。该课程把参加的学生分成6组，每组6—8人，每组各代表不同的一个虚拟公司，每个小组的成员将分别担任公司中的CEO、财务总监、市场总监、生产总监、采购总监等重要职位。在与其他企业（其他小组）的激烈竞争中，成员们必须做出众多决策，例如新产品的开发、资金的筹措、生产设施的改造、新市场的开拓等，使企业维持生存与发展。课程从整体战略出发，涉及产品研发、生产过程、市场与销售、财务、团队沟通与建设等多个方面。通过三天的体验式学习，同学们感受到了市场竞争的精彩与残酷、体会到了承担经营的风险与责任、感悟到了个性特点与角色胜任的关联性，以及培养共赢理念和坚持诚信等原则。这一活动不仅让学生更好地了解了经管学院的专业，也使那些将来想投身企业经营的学生更加全方位地了解了这类职业的特点，以及所需要具备的素质与能力。[1]

六、兼顾不同活动方式间及学科间的整合

《指导纲要》中说明，附件所推荐的职业体验活动主题的活动方式不是孤立的，一个主题活动往往包含多种活动方式，在主题实施过程中需要学生经历不同的活动方式，才能使活动更加深入和完善。这也意味着，在规划综合实践活动课程的职业体验活动时，往往需要与其他三种活动方式——考察探究、设计制作和社会服务进行整合。

[1] 摘自杭州市源清中学调研材料，2018年。

每种活动方式各有自身的关键要素（见表 11–2）。教师在具体的活动规划中，需要注意不同活动要素间彼此的渗透、融合与贯通，这样便可以在同一主题下，通过设计不同的情境或活动任务，让学生经历不同的活动方式。

表 11–2 综合实践活动四种活动方式的关键要素

活动方式	关键要素
职业体验	选择或设计职业情境
	实际岗位演练
	总结、反思和交流经历过程
	概括提炼经验，行动应用
考察探究	发现并提出问题
	提出假设，选择方法，研制工具
	获取证据；提出解释或观念
	交流、评价探究成果
	反思和改进
设计制作	创意设计
	选择活动材料或工具
	动手制作
	交流展示物品或作品，反思与改进
社会服务	明确服务对象与需要
	制订服务活动计划
	开展服务行动
	反思服务经历，分享活动经验

在以职业体验方式为主的综合实践活动课程中，其他三种活动方式可以嵌入到职业体验的过程中去。在义乌幸福湖小学的“枣文化”职业体验中，考察探究的活动方式嵌入在“枣树的种植”活动中，教师要求学生通过搜集处理分析资料的方式，收集枣的相关科学知识，然后通过实际考察调查的方式，将查阅的资料与学校的青枣进行对比，在这过程中，学生生成了诸如“枣是被如何采摘的？为什么冬枣都是秋季就采摘完毕的？冬枣是如何保存下来的？”等问题，教师进一步指导学生，自主提出假设，制订探究方案，通过调查等方式获取证据，获得解释，最终小组共同交流、评价探究成果，并开展反思。

社会服务的活动方式嵌入“我们去打枣”活动中，学生在参观枣园之后，以志愿服务的方式，依据枣园的需要和需求，主动帮助年纪较大、行动不便的农民伯伯打枣，并进一步开展慰问老人、关爱老人的社会服务活动。

设计制作的活动方式嵌入“走进农贸城与练摊”活动中，学生在制作蜜枣之后，需要去市场上叫卖蜜枣。教师布置了宣传广告制作的任务，要求学生以介绍产品、吸引顾客为目的，自主设计广告创意，选择材料或工具，制作宣传单、广告牌、横幅、标语等。在叫卖的职业体验结束后，教师指导学生交流展示广告创意，并对作品开展反思与改进。

前文述及，学生参与职业体验活动是一种跨学科学习。因此，在职业体验活动的规划中，需要注意跨学科统整——可以考虑围绕某一体验主题或情境，把涉及的学科素养点融合在一起，以项目学习方式完整设计主题式系列活动，让学生在主题活动的各个环节中灵活运用各科所学而开展职业体验。

例如，杭州市夏衍小学开展了“校报制作与义卖”的职业体验活动。该活动内容涉及多门学科，语文、数学、美术、信息技术等多学科教师共同参与活动的指导。例如，语文老师负责指导学生校报文字（新闻稿、广告等内容）的撰写，数学老师负责在校报义卖前期指导学生对于成本、利润的计算，美术老师和信息技术老师分别负责对校报的排版及美术编辑的指导。

因此，我们倡导在具体职业体验活动的规划过程中，积极挖掘不同活动方式之间、不同学科之间的关联点，以促进高质量职业体验活动的开展。

下编　职业体验

第十二章

职业体验的实施要旨

在实施过程中，《指导纲要》所要求的职业体验活动关键要素在各个阶段是否得到落实，是至关重要的问题。这要求我们，首先需要明确职业体验的四个关键要素如何在活动过程中通过一定的方式体现出来，其次是要基于此形成一定的实施环节。

职业体验活动有效实施的第一要旨在于凸显职业体验活动本身的关键要素，这些关键要素是体验式学习过程在职业体验活动中的具体展现。同时，我们还需要从准备、体验、总结与评价、行动应用四个基本环节来明确具体的实施细节。在此基础上，促进实施过程与评价相交融也是不可或缺的实施要旨之一。

一、关键要素在实施过程中得以体现

综合实践活动课程的实施是课程资源的开发、课程主题的设计、课程活动的展开、课程过程及其成果评价的落实过程，从而使该课程呈现出一个探究、发现、创新、生成的过程。它不仅具有与其他学科课程的实施有着不同的性质、特点、模式及活动方式，而且如同其他任何学科课程活动的展开从空间时间和性质来说都有一定操作模式和活动方式一样，也有自己的实施模式和活动方式。[1] 职业体验活动的四个关键要素就是这种特殊性的证明。

《指导纲要》明确指出，职业体验活动的关键要素包括：选择或设计职业情境；实际岗位演练；总结、反思和交流经历过程；概括提炼经验，行动应用。

这四个关键要素背后的逻辑本质上是前文提及的大卫·库伯所总结的体验式学习过程，即“具体体验—反思观察—抽象概念化—主动尝试”。

[1] 张传燧：《综合实践活动课程论》，广东教育出版社，2005，第 179 页。

（一）根据学生及学校实际选择或设计职业情境

职业体验活动首先需要学校选择或设计一定的职业情境，能够让学生在情境中实践与体验，获得对职业的认知与感知。一般而言，职业情境可以分成两类，一类是如“微型社会”一般，创设模拟的社会情境，学生通过模拟扮演各种职业角色而从事职业活动；另一类是直接进入真实的社会情境，学生能够进入现实的职业场所开展体验。真实的情境偏重于“选择”，模拟的情境偏重于“设计”。

在选择或创设情境的过程中，一方面，学校可以通过学生兴趣与职业意向的调查，了解学生的兴趣爱好或志向，同时了解学生对某些职业已有的认识水平与相关能力；另一方面，学校也要针对当下各种资源的实际情况进行可行性评估，为学生选择和创设合适的情境。

职业体验作为综合实践活动课程的一种活动方式，对于职业情境的选择与设计也需要考虑真实性、体验性、探究性、启发性、融合性等特点。[1] 因此，即便是在模拟的职业体验情境中，也应保留真实职业情境中的基本要素，通过设计真实的职场任务与挑战，让学生尝试面向完整的生活世界，使他们有机会通过真实的职业劳动过程或解决真实的职业岗位问题，从而获得真实的职业感受。体验性体现在学生能够亲身参与职业活动，获得实践感知，并经历完整的体验式学习的过程。探究性反映在学生对职业的观察、体验中，能够主动发现、分析并解决问题。启发性表现在情境中的人物、事例能够引起学生的思考，并与自身未来生涯发展相结合，开展进一步的反思。融合性指在设计情境时注重与综合实践活动的其他活动方式整合，注重跨学科的整合，以及对学校已有资源的整合。

总体上，职业情境的选择与创设，应强调在行动中体验、在体验中感悟、在感悟中反思、在反思中分享、在分享中成长，而这与职业体验活动的规划是密不可分的。

---

[1] 文云全：《综合实践活动的情境性特征探究》，《文化创新比较研究》2017 年第 20 期。

（二）明确实际岗位演练的实际任务

实际岗位演练是学生进入职业情境之后，亲身了解、接触、体验职业人员的工作生活或进行一定的劳动锻炼。岗位演练的内容受到职业性质、学生发展程度、职场情况、体验主题等因素的影响，并且也有不同程度与深度的设计和安排。一般来说，主要包含以下几个方面：

1. 职场观察

学生参观职业场所，通过相应的讲解或学生自主探索，帮助学生了解当下职业的环境、岗位要求、市场需求等信息，学生在观察与聆听的同时，以录音、文字、图片、视频等形式进行记录。

2. 职场探究

学生依据预先准备、设计好的访谈提纲、研究方案等，在职业场所开展访谈、调查等探究活动，例如对职业人士进行访谈与调查，开展职业主题相关的社会调查、课题研究等。

3. 模仿练习

学生在职业场所对某一岗位或工作活动进行观察，或由职场人士进行演示与教学后，对某项职业活动进行模仿与练习，以掌握该项职业活动所需的知识或技能，如在企业中练习某软件的操作、在交警大队练习交警手势、在医院练习如何使用医疗仪器等等。

4. 实际操作

在学生经过模仿与练习、了解与掌握某一岗位所需的知识或技能之后，进入实际的工作岗位，完成岗位所要求的工作任务，付出相应的劳动。

在职业体验活动的实施过程中，需要明确以哪种形式的岗位演练为主，并根据具体的体验情境提出具体的岗位演练任务以及相应的完成要求。

（三）重视总结、反思与交流经历的过程

总结、反思和交流经历过程是学生职业体验必不可少的阶段。在这个阶段，学生对岗位实际演练的过程进行经验的总结并进行深入的反思，在此基础上与他人开展交流，将所获得的经验感悟进一步内化。

反思并不等同于一般的思考，它既有对自我各个方面的再认识，也有对外部环境的再认识。[1]反思的过程即是学生与自我、他人、世界交流的过程，常常用"是什么""为什么""如何"来反省自我的传统观念、学习风格、个性特点、价值取向、能力等，并对社会现实状况、工作环境、人际关系等进行重新审视与批判。在职业体验过程中，正是经过反思、抽象、概括、整理和提炼等方式，学生才得以形成新的价值观念，才能意识到学习与自己发展之间的紧密联系，意识到自己现在的行为和每一个选择会对未来产生一定的影响。[2]

因此，学生可以通过自我陈述、小组讨论、感想心得、报告撰写、发表建议、发布成果等方式，呈现对职业体验中获得的感受、感悟、经验、知识、技能等内容所进行的反思，同时在这个过程中积极与同伴、教师、家长、职业人士进行沟通与互动，以增强对个人、职业和社会的认识。

（四）概括提炼经验并拓展至行动应用

经过总结、反思和交流后，学生将进一步对经验进行概括和提炼。学生所概括与提炼的经验不仅是对岗位、职业生活的认识，也包含在体验过程中所积累的人际交往、团队合作、问题解决、生涯规划等经验，也就是说不仅包括某些知识、技能的获得与巩固，也包含某种价值观的确立或改变等。经过概括和提炼，学生拥有了较为稳定的收获，他们可能将它运用到以后相关的行动当中去，这会渗透到学生之后学习、生活、职业乃至人生发展的方方面面。

例如，学生将经由职业体验所概括提炼的新的生涯认知应用于解决自己的实际问题，是其岗位演练与总结反思的进一步拓展。这个过程既形成了新的生涯认识，同时又将带来新的体验，学生将因此而在不断深化的生涯经验基础上获得不断的自我成长。像在杭州市丁兰实验中学，学

[1] 朱凌云等：《中小学生涯教育理论与方法》，北京师范大学出版社，2015，第 8 页。
[2] 林苏婵：《普通高中体验式生涯教育研究》，硕士学位论文，杭州师范大学教育学院，2018，第 45 页。

校通过实施水利工作者的职业体验活动，“同学们不仅了解了五水共治的基本理念，掌握了节水、护水的基本技能，更在心中种下了一颗成为水利工程师的种子，相信不久的将来其中定将走出一批杰出的水利工作者。”[1] 学习到的节水、护水技能，成为水利工程师的职业理想，这些都来自本次职业体验活动，同时它们也将对学生后续的学习与生活产生积极的影响。

二、基于关键要素把握实施过程的主要环节

基于职业体验活动的四个关键要素，我们可以把职业体验活动的实施过程大致分为准备、体验、总结与评价、行动应用四个阶段。

（一）职业体验活动的准备阶段

1. 开展职业体验活动宣传

职业体验的顺利实施需要多方人员的参与，只有学生、教师、家长等相关人员认识到职业体验的重要性和意义，才能保证职业体验活动的有效开展。因此，学校应当积极营造助力学生职业体验的校园文化与氛围，开展对职业体验活动的宣传，增强教师、家长对培养学生综合素质发展的意识。

面向教师群体，学校可以通过组织全校宣讲会、讲座、培训等方式，让教师充分了解综合实践活动课程的价值，学习如何设计与实施综合实践活动课程，如何开展有效指导等等。

面向学生家长，学校可以通过家长会、“致家长的一封信”以及线上交流群等方式，向家长传达学校的育人理念，以及开展职业体验的意义与内容，为后期寻求家长资源支持等家校合作奠定基础。

面向学生，学校可以通过开展职业体验主题的班会活动、生涯规划课程、职业体验日、黑板报、小报评比、征文评比、会演等形式，激发

[1] 杭州市丁兰实验中学：《体验水利工作，保护青山绿水：五水共治丁兰在行动》，http://mini.eastday.com/mobile/180325031722337.html。

学生对探索职业世界的兴趣和规划未来的动机。

2. 确定职业体验活动主题

如前文所述，职业体验活动的主题通常围绕某一个或某一类职业开展，也是对职业情境的选择，学校在选择职业体验活动的主题时既要考虑学校学生的职业兴趣与倾向，也要考虑学校现有的相关资源情况。在现实操作中，我们可以先确定大致的职业体验主题领域，然后根据实际情况再确定更具体的活动主题。

例如，义乌市幸福湖小学根据以“枣”为代表的农产品种植、加工、销售各环节的基本要素，引导学生经历农产品种植、生产、销售的各种职业的基本特征，帮助学生在学农、学工、学商中融入社会，体验职业生活带来的乐趣。因此，学校尝试确定了“枣文化”综合实践活动课程之职业体验活动的大致主题领域（见图 12–1）。

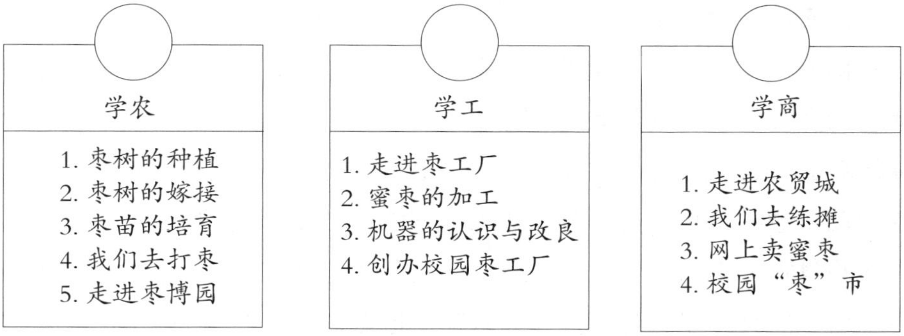

图 12–1 “枣文化”综合实践活动之职业体验活动主题领域

在“枣文化”职业体验活动的实施过程中，学生在参观蜜枣作坊的基础上，对蜜枣的制作产生了极大的兴趣，于是学校根据学生的这一兴趣倾向，以及学校可获得的资源情况，确定了蜜枣制作这一更具体的体验主题，并聘请当地制枣高人对学生的体验过程进行指导。

从主题领域到细化的体验主题，是一个生成性的过程。学校可以先公布可选择的职业体验主题领域，再由班主任组织学生根据自身情况自由选择，并且上报自己感兴趣的领域或者领域中的一些具体环节。然后，学校可根据上报的情况，按所选主题领域或者其中的相关环节形成活动小组，并协调安排教师或其他人员作为指导老师。这个过程中，学校需要特别关注学生的想法，让他们拥有一双善于发现的眼睛，因为活动主题的选择在本质上是“帮助学生建立问题对于学生自身的意义、自我与世界之间的联系以及寻求一种社会生活方式”[1]。

3. 开展职业体验活动前的准备性指导

确定了职业体验活动的主题和分组之后，在正式进入实际岗位体验之前，我们有必要对学生开展一定的准备性指导，从而让学生能够较好地适应职业体验的环境与活动，更有效地参与到职业体验中去。

准备性指导的内容一般主要涉及职业体验活动的目的意义、任务要求、流程安排、与职业相关的知识与技能、职场礼仪、安全教育等方面，要根据具体活动的不同开展相应的指导。

首先，应当向学生说明职业体验活动的目的和意义，让学生认识到职业体验活动的价值和重要性。其次，教师应向学生明确参与职业体验活动的具体要求，如活动过程中的记录任务、访谈任务、调查任务，活动结束后的汇报任务、评价任务等等，帮助学生明确自己在本次职业体验活动中想达成的目标，让他们带着期望、带着任务开展体验，以促进在体验过程中不断思考与解决问题，避免“走马观花”。再次，教师需要说明活动的具体安排与流程，如时间、地点、涉及的相关人员等。同时，教师可以通过图文展示等方式，向学生展示之前学生职业体验的优秀成果。这样既能激发学生参与的热情和动力，又能给予学生案例参考，让学生预先了解职业体验的整个过程。

对于与职业相关的知识与技能，可以通过让学生自主搜集资料、讲解等方式，让学生对即将参与体验的职业有初步的了解，例如职业的工作环境、入职条件、岗位内容、待遇、发展前景等等，同时视需要掌握一些基本的职业技能，如电脑软件的使用，信息的查询、收集等等。在

[1] 张华：《综合实践活动课程研究》，上海科技教育出版社，2009，第 177 页。

有一定认知和技能的基础上，学生既能够更快地适应职业体验的环境，也能够更深入地开展职业体验。

对于职场礼仪，教师可以通过讲解、演示、模拟训练等方式，让学生习得作为学生或作为职业体验者应当遵循的职业规范和行为准则，例如不大声喧哗、不擅自触摸工作设备、要使用礼貌用语等等，以保证职业场所的正常秩序，树立学校学生有文明懂礼貌的良好形象，增强学生的社会责任感。

由于大部分职业体验活动会在校园外进行，部分活动也由学生个人、小组自主开展，因此，在活动正式开始前，对学生开展安全教育也是十分必要的。安全教育的内容包含出行交通的安全、外出饮食的安全、交友安全、网络安全等关于人身安全的提醒与防范。如果所参与体验的职业场所是涉及生产设备、精密仪器的工厂或单位，还需要特别提醒学生注意自身行为规范，避免造成意外事故。

4. 制订职业体验活动方案

学生在明确了职业体验活动主题、通过教师的准备性指导了解了职业体验活动的相关情况后，就需要制订职业体验的活动方案了。

对于教师而言，需要制订职业体验活动的指导方案。“指导教师在要求学生制订活动主题实施方案的同时，应针对学生活动主题的展开过程及其需要，设计教师指导方案。包括：学生活动主题的具体目标、学生活动过程与具体方法的指导、学生活动主题必要的资料与工具准备、学生活动评价策略等。”[1] 教师在制订方案的同时，一方面需要与来自职业场所的代表、导师进行沟通与合作，依据职业的特点，设计学生相应的任务与活动，并确定教师或导师的指导时机、方式与内容；另一方面，教师也需要及时了解学生的想法，并针对学生的活动方案提出指导意见，制订指导方案。

对于学生而言，依据教师的任务或职场导师的要求，以个人或小组

[1] 郭元祥：《综合实践活动呼唤教师的有效指导》，《教育科学研究》2006 年第 8 期。

形式制订职业体验的具体活动方案。学生活动方案一般包括“活动主题、活动背景、活动目标、活动内容、小组成员及分工、活动时间与地点、活动方法、活动步骤、预期成果及表现形式、可能遇到的主要困难及应对的策略、问题与反思等部分”[1]。学生制订活动方案，一方面能帮助学生进一步明确所承担的任务，另一方面在实际撰写活动方案的过程中也锻炼了学生合作、沟通、组织等方面的能力。

（二）职业体验活动的体验阶段

职业体验活动的体验阶段，就是学生自主或在教师带领下，走进模拟或真实的职业场所进行亲身体验，开展实际岗位演练，经历职场观察、职场探究、模仿练习、实际操作等环节。

在这个阶段，教师或职场导师在有条件的情况下，可以观察学生的实际情况，记录学生的表现，以及对学生遇到的问题适当地提供帮助，并给予及时有效的反馈。期间，教师也需要提醒并指导学生及时将职业体验过程中遇到的问题、解决问题的方式方法、体验中的感悟、反思等情况以图文等形式记录下来。

学生在这个阶段，应当积极地参与其中，保持认真学习与体验的态度，完成观察、记录、探究、练习、操作等环节。

在职场观察时，学生需要认真聆听导师的讲解与介绍，利用纸笔、录音笔、照相机、摄像机等形式做好记录工作，仔细观察职业场所及相关设备、职业人的工作活动等，思考真实的职业生活与准备阶段所了解职业生活的异同，记录即时的感悟与感受。

在模仿练习时，学生需要通过教师或其他导师讲解、示范，参照笔记或录像记录，学习职业活动所需的工作要领，反复练习，以较好地掌握与运用职业知识与技能。

在实际操作时，学生应当遵守岗位流程与职业规范，保持认真负责、积极向上的工作态度，将在观察与练习后习得的知识及技能运用到实际

[1] 周玲玉：《职业体验活动：性质、价值与实施》，《当代教育评论》2018 年第 7 期。

的操作当中；也要认真对待工作后的反馈，积极解决真实情境中遇到的问题，并即时思考与记录。

学生不管是在职场观察时生成了新的问题或想法，还是在模仿练习、实际操作中遇到了困难或问题，不但要与指导者多交流、多请教、多探讨，还要主动地认真思考，或是对原有方案做出改变，或是分析问题产生的原因并尝试解决，让职场探究与体验过程相伴相随。

（三）职业体验的总结阶段

在学生完成岗位演练之后，教师需要继续指导学生进一步对体验的过程进行总结，包含资料撰写、资料整理、交流展示、汇总宣传等指导工作。

资料撰写：教师需要指导学生及时地对岗位演练的过程进行总结与反思，完成资料的撰写。通过填写活动记录表，以日记、周记、心得等形式撰写感悟，感悟的内容包含对岗位的认识、对职业生活的体悟、对职业方案完成度的反思、对未来生涯的规划、对活动中面对并解决问题过程的反思、与人沟通合作的反思等等。对于在职业体验中开展研究的课题，还需要进一步撰写课题报告。

资料整理：学生要以个人或小组形式，将职业体验中收集与撰写的资料进行整理，并进行分类。例如，访谈记录、活动记录、心得感悟等文字性资料，照片、录音、职业场所的宣传册、工作手册、工具等等。

交流展示：在学生对岗位演练活动进行了总结反思和资料的整理分类之后，可以组织形式多样的成果展示活动进行更大范围的交流，例如讨论、演讲、汇报、海报展示、视频展播、戏剧表演等。"展示只是活动过程中或结束后的一个交流分享，目的不是为了划分谁做得好、谁做得差，而是不同小组之间研究内容的相互欣赏和学习……关注学生的真实体验而并非只是有形的成果"[1]，以期促进学生之间的经验分享与相互学习。

汇总宣传：在学生对职业体验的成果进行交流展示之时，教师也要指导学生对展示进行记录，做好宣传与报道的工作。一方面，教师需要

[1] 张华：《综合实践活动课程研究》，上海科技教育出版社，2009，第 239 页。

记录、汇总与评估学生的成果及表现，将需要的部分放入学生的档案袋中。另一方面，教师也需要将学生的成果，以新闻报道、海报展示、宣讲会、表彰会等方式积极宣传与报道。这不仅是对学生既有职业体验活动成果的认可，也能够在一定程度上进一步激励学生更加积极、认真地参与到后续的职业体验当中。

（四）职业体验的经验应用阶段

学习是经验转化、知识创造的过程，知识创造过程是由具体经验出发，经过反思观察，形成概念和推论，并在新情境中检验概念。[1] 学生在职业体验后将经验提炼、概括与应用到现实生活当中，才算完成了职业体验的完整过程。

因此，在学生对职业体验活动进行总结、生成反思的基础上，指导教师仍需要在日常的学科教学、学生管理、学生活动中继续引导学生应用职业体验活动中获得的经验，促进学生对学习、生活、职业、未来发展有更深层的思考和更积极的行动。指导可以有选择地涉及以下几个方面的内容：

在学生自我认知方面，学生经历过职业体验后，可以引导学生进一步认识自身的特质、能力、特长，以及对待学习、生活、职业的态度和价值观，逐渐形成自我的规划意识，并学会对自我进行时间、情绪、压力等的管理。

在学业指导方面，可以引导学生通过反思职业体验中所涉及的专业要求与知识，鼓励学生认真学习，形成观察、分析、质疑的能力和习惯，掌握科学的学习方法，实践创新，终身学习。

在生活指导方面，可以引导学生把职业体验中与人沟通、交往以及合作的经验应用到实际生活中，同时更深层地反思生活与职业劳动的关系，建立积极健康的生活态度，健康成长。

在职业指导方面，教师可以引导学生对体验的职业进行反思与探索，

[1] 黄琳，黄东斌：《学生主体：体验式学习策略优化》，《中国成人教育》2017 年第 22 期。

进一步唤醒职业意识、了解职业世界、理解职业生活，感悟劳动带来的价值意义和社会责任感，加深对职业角色的认识，尝试对未来职业发展进行规划。

三、促进实施过程与评价相交融

根据《指导纲要》的要求，“各学校和教师要以促进学生综合素质持续发展为目的设计与实施综合实践活动评价……要突出发展导向，做好写实记录，建立档案袋，开展科学评价。”

学者张华认为，“综合实践活动的学生评价可简单概括为对学生在综合实践活动开展过程中的表现、进展和变化进行观察、描述、分析、解释的过程。”[1] 学者李树培认为，“评价综合实践活动课程应当把握课程、教学与评价一体化，突出发展导向；聚焦学生合作探究与精彩观念，做好写实记录；凸显学生自我反思能力，建立档案袋；整合多种评价方式和数据，开展科学评价这四个方面的要领。”[2]

对于职业体验活动来说，对学生的评价也需要关注学生在活动过程中的表现和变化，通过多主体、多样化的科学评价方式，激励、引导学生并使其改进自己的表现，促进学生的综合发展。同样，职业体验作为综合实践活动课程的主要活动方式之一，对职业体验的评价同样需要解答“谁来评价、评价什么、怎么评价”的问题。

（一）评价理念注重过程性

张华教授认为，在综合实践活动中，“对学生的评价主要不是关注学生所习得的能力（leanred abilities），而更要关注学生的学习能力（learning abilities）；不是要对学生的活动结果做出或肯定或否定的判断，而要揭示学生在活动过程中的体验和表现以及他们是如何解决问题的”[3]。

---

[1] 张华：《综合实践活动课程研究》，上海科技教育出版社，2009，第 236 页。
[2] 李树培：《综合实践活动课程评价从何处入手？》，《中小学管理》2017 年第 12 期。
[3] 张华：《综合实践活动课程研究》，上海科技教育出版社，2009，第 236 页。

在综合实践活动课程中，职业体验活动不同于考察探究和设计制作活动，其活动的成果不一定为具象的、物化的实物。职业体验更加注重学生在体验过程中的演练实践、总结反思与经验应用，因此对学生的评价要注重结果，但更注重过程，“注重学生主动参与的积极性，思维方法的合理性，操作程序的科学性，感受领悟的深刻性”[1]。在职业体验活动中，学生对于某一职业的认知、对自身的规划、沟通与解决问题的技巧的习得等，都是在过程中逐渐变化的，需要关注学生在这些过程中的体验和表现。

因此，需要指导学生在职业体验的过程中注重收集并保存能表现学生认识发展变化的关键资料。这些资料能帮助学生自身更好地反思，也能使教师通过对这些资料的分析给予有针对性的、具体的建议和评价。

（二）评价主体注重多元性

学生职业体验的过程，也是在人际关系网络中不断交互的过程，自我评价和他人的评价都能够影响到学生对自我的认识和判断。“外在评价与内在评价的共生，适切的评价有助于学生准确认识自己，适度调整自己，顺利融入集体和社会中，形成和谐的自我评价和自我意识。”[2]

因此，依据职业体验的人际网络特点，评价的主体可以为学生、教师、来自职场的职业人士、家长等。每一个评价主体可以从不同层面、不同角度来评估与判定学生在职业体验中的行为表现，给予学生反馈，帮助改进后续的活动。

对于学生而言，评价方式可以分成自评和他评，“评价依据来源于学生在活动中的亲身体验、悉心观察、感悟与思考，主张采用‘自我参照’标准，引导学生对自己、对他人在活动中的表现进行‘反思性评价’”[3]。自评是从自身视角做出的自觉主动的反思，他评也是学习和交流的过程，

[1] 同上书，第 237 页。
[2] 同上书，第 240–241 页。
[3] 李树培：《综合实践活动课程核心素养与评价探析》，《全球教育展望》2016 年第 7 期。

关注他人的特色，认识自己的优势和不足。

对于教师而言，应从教育视角出发，以学生生涯发展为导向，关注学生在学习、问题解决、团队合作、生涯规划等方面的素养提升，“把评价作为师生共同学习的机会，将对课程实施和修改有用的信息，转化为教学实践”[1]。

对于职场人士而言，评价可以从专业的职场人视角出发，以岗位的工作标准来审视学生在职业体验活动中的表现，除了对岗位所要求的职业知识与技能等“硬技能”进行评估之外，更应注重在职场中所体现的“软技能”的评估，如职业意识、责任感、知识迁移、沟通协作、心理素质等方面。

对于家长而言，更应当关注学生职业体验后在生活中的表现，在日常的言语表达、行为等表现中是否体现出劳动精神、责任感、管理意识等等。

（三）结合职业体验具体目标形成多维度的评价内容

由于综合实践活动贯穿小学至高中，对于不同年段的学生，学校所开展的职业体验活动会设定不同的具体目标，以满足不同学生生涯发展的需要。因此，在对学生的职业体验活动进行评价时，需要结合某项活动的具体目标，以检验学生在参与活动中对该项目标的完成程度，对学生、教师、活动提出反馈与改进意见。

依据目标设定的维度不同，评价内容也可以从不同的维度展开。例如基于核心素养，评估学生自主学习、健康生活、责任担当、实践创新等方面的表现；基于《指导纲要》要求，评估学生在价值体认、责任担当、问题解决、创意物化等方面的表现；基于职业体验自身的特性，评价学生在职业意识、职业兴趣、职业认识、职业规划、劳动意识、自我认知等方面的表现，等等。

又例如，从职业意识与价值观的维度，可以评价学生：①参与职业体验的态度：学生参与的态度可以通过一些外显行为表现出来，如在体

[1] 李树培：《综合实践活动课程核心素养与评价探析》，《全球教育展望》2016 年第 7 期。

验中是否认真听讲、完成相关任务，主动积极地寻求解决方案，参与合作等；②劳动态度与观念：学生是否正确地看待职业的价值，尊重劳动、尊重知识、尊重人才、尊重创造，认真参与到体力或脑力劳动中，辛勤劳动、诚实劳动、创造性劳动；③生涯价值观：反映在学生对学习、生活、未来职业目标的态度，对学业、职业等方面的选择和追求等。从职业认识维度，可以评价学生对职业、职业生活的内涵及价值的认识，对职业环境、要求的认知，对社会角色以及对工作与学习、生活之间关系的认知等。从职业技能维度，可以评价学生：①自我认知技能：对自身能力、兴趣、性格、优缺点等自我概念的认知，对自我发展的目标、生涯规划的认知；②沟通合作技能：如与同伴或他人协商、讨论、语言表达、合作学习、组织与规划的能力；③探究技能：在体验过程中，发现问题、分析问题、解决问题的能力，制订计划、执行计划、完善计划的能力；④信息处理技能：在体验中搜索、整理、分析信息和数据，运用工具、操作工具，记录、摄影摄像、处理信息的能力；⑤设计创造能力：参与动手操作实践，掌握多种操作技能，设计并创造一定作品或成果以及撰写心得感悟、实践报告的能力；⑥生涯规划和管理能力：对自身心理压力的调适能力、对做事的时间管理能力，以及对未来生涯发展做出整体思考与计划的能力。

（四）整合多种评价方式

综合实践活动课程的评价需要运用多种评价方式来将内隐的素养转化为可观察可感知的外在表现。[1]

职业体验活动中多种评价方式的整合，首先表现在过程性评价与终结性评价的结合：在学生开展职业体验的过程中，一方面需要给予学生及时的反馈与指导，另一方面需要对学生的体验总过程进行总结与评估。

其次，应采取多种评价手段相结合。常用的评价手段有：

[1] 李树培：《综合实践活动课程评价从何处入手？》，《中小学管理》2017 年第 12 期。

1. 口头评价

口头评价是最快捷、最直接的评价方式，可以发生在职业体验活动的前、中、后各个阶段。评价者包括教师、职场人士，也可以是学生的小组成员。评价一般发生在观察学生的行为表现或成果展示之后，给予学生一定的反馈、意见、建议或成绩评估。

口头评价中既可以对学生的行为表现给予赞扬、鼓舞和激励，善于发现学生的闪光点，依据不同学生的基础水平给予学生合理的肯定，也可以指出学生的错误、不合理的行为，督促学生及时改正或改善。

口头评价具有及时性、快捷性的优势，但一般较为依靠评价者的经验和主观的感受。口头评价能够对学生的行为表现进行衡量评估，适当的评价也能够促进学生不断完善、提升自己的行为表现。

2. 量表评价

量表评价是指评价者按照预先设计好的量表来对学生进行考核评价，量表的内容通常是学生在情感态度、认知、能力等方面的具体表现，对所有参与职业体验活动的学生都依照同样的维度进行评价，评价的视角相对科学、全面与客观。

在设计量表的过程中，量表的评价维度与内容应当与职业体验活动的目标相结合。评定可以是等级制，也可以是分数制，能够较为客观地反映学生在各个方面的表现。此外，也可以通过调查问卷的形式，以科学合理的问卷评价了解学生在职业体验中的具体情况，特别是在情感态度价值观方面较为内显的情况，学生依据实际情况作答，教师能够基于结果更加全面地了解学生。

3. 成果展示评价

成果展示评价的具体方式可以有很多种，在学生职业体验活动结束后，通过系列活动的组织，将学生职业体验中的隐性的收获或有形的作品转化为具象的成果。

例如，学校组织交流分享或评比类活动，对学生在职业体验中形成的调查报告、体会感悟、海报设计、活动方案、作品等进行公开展示与评比。学校也可以组织汇报类活动，组织演讲、报告、戏剧表演等活动，以学生喜闻乐见的形式安排展出，让学生将职业体验的收获以汇报的形式展现，增强学生参与活动的积极性，对职业体验有更深刻的感悟和体验。

4. 档案袋评价

档案袋的形成是由学生和教师共同完成的，能够反映学生在职业体验中发展变化的痕迹，形成历程涵盖从体验起始到体验完成的整个阶段。在形成过程中，学生能够负责和决定档案袋中的内容，也获得了判断质量、价值的机会。[1] 开展档案袋评价一般需要经过“明确评价目的——确定档案袋的类型——确定评价主体和评价内容——制定档案袋评价标准—采用能调动学生积极性的方法——确定内容收集的方法和时间——确定档案袋评定的方法——制订评价结果的交流计划”[2] 这八个程序。

放入档案袋的内容可以是学生在职业体验活动过程中生成的作品，例如活动方案、活动记录表、感悟、照片、收集的资料等等，教师也可以指导学生依据一定的要求完成一些作品放入其中。“教师可以设计一些条目，指导学生按要求放入一些材料，例如展示成果、展示创造性、反思自身的变化与成长、显示所冒的风险、思考每条内容被选的原因、列出要提出的问题或确认要解决的问题、表明学习的方式等。”[3]

职业体验活动的评价是一个与实施过程相交融的开放、民主、动态的过程，整合多种评价方式能够更加全面、灵活地分析与评估学生在职业体验中的发展状况，为学生的发展提供具体、真实的证据支持，恰如其分地分析和解释学生的表现，或是对学生出现的问题和发展的方向提供反馈、点评等指导。

[1] 田慧生：《综合实践活动课程实施中的问题与策略》，教育科学出版社，2007，第 20 页。
[2] 浦玥：《初中综合实践活动课的学生档案袋评价研究》，硕士学位论文，辽宁师范大学课程与教学论方向，2008，第 14 页。
[3] 姜平：《综合实践活动课程实施策略》，首都师范大学出版社，2001，第 140 页。

第十三章

职业体验的案例呈现

在本章，我们将呈现几个学校的职业体验活动案例或案例片段。尽管它们并不完美——由于前文提及的职业体验活动方式在学校既有综合实践活动课程实践中的特殊境遇，因此当前能充分体现《指导纲要》精神的职业体验活动案例非常不容易寻找；我们还是想透过这些不尽完美的案例或是案例片段，借以说明《指导纲要》规定的职业体验活动应如何开展或是提升的些许思考。

一些学校或多或少在既有的综合实践活动课程中有职业体验的方式存在。随着学校自身的发展以及新《指导纲要》的颁布，学校可能试图将原有的比较零散的职业体验活动系统化、深入化，那么根据新《指导纲要》的要求，从目标厘定出发再进行体验内容的单元设计，不失为可尝试之“变身”路径。不过，学校的职业体验活动有否体现新《指导纲要》的精神，还有赖于目标和内容的进一步厘清，并在实施过程中将指导、评价等环节的不断改善。

一、杭州市夏衍小学：“职业体验”变身记[1]

杭州市夏衍小学有着比较好的开展职业体验活动的前期基础。在《指导纲要》颁布之前，学校已经在本校的课程体系框架内，基于现实资源，结合少先队活动、德育活动等开展了不少具有职业体验性质的活动。

在谈及学校所开展的职业体验活动之时，夏衍小学的校长和老师们可以如数家珍地说出不少——有些是全校性的、较为明显的职业体验活动，比如有“红领巾贸易节”“快递员体验”“生态园蔬菜义卖”“校报义卖”“家长会爱心义卖”“俄罗斯小记者”等；有些是具有职业体验元素的课程，如“我们都是小导游”“插花”“多肉 DIY”“心肺复苏”等。同时，他们考虑到儿童在不同阶段身心发展的特点，在开展职业体验活动时还关注到层次性，即根据学生年级的差异选择了不同的职业体验主题，从而使各年级的活动在内容上具有不同的侧重点，例如一年级学生去“Do 都城”体验自己感兴趣的职业，二年级学生以个体的方式“跟着

[1] 相关素材取自杭州市夏衍小学的课程材料，2019 年 6 月。

爸爸妈妈去上班”，三年级学生开展“爱心校报”义卖，四年级学生开展的是“今天我当家”，五年级则以小队方式“跟着爸爸妈妈去上班”，六年级学生则成了“午餐时间小老师”。总的来说，夏衍小学的这些活动从主题领域来说具有一定的丰富性，并且兼具不同年级活动的多样性。

《指导纲要》颁布之后，为推进本校综合实践活动课程的开展，学校在梳理了既有的综合实践活动课程开展情况后，认为需要根据《指导纲要》的精神进行进一步完善。他们认为，前期的职业体验活动虽然还算丰富但是却比较零散，缺乏从统一的层面去设定课程目标。为此，他们根据《指导纲要》的要求，基于价值体认、责任担当、问题解决和创意物化四个维度，尝试对本校凸显职业体验活动方式的这些综合实践活动重新设定课程目标。

（一）总体目标

通过模拟与真实情境的职业体验活动，学生能够正确认识自我，获得职业启蒙与认知以及相应的情感体悟，增进对社会职业的了解和自我职业兴趣的了解，在自我、职业和社会之间建立初步的联系，对自身未来的长远发展有初步的思考。同时，学生能够形成稳定的劳动意识，树立正确的劳动观念，弘扬夏衍小学的“种子文化”，增进“在勤勉中积蓄，在求索中绽放”的学校精神。

（二）分学段目标（见表 13-1）

表 13-1 分学段目标

维度 年段	价值体认	责任担当	问题解决	创意物化
低年段（一至二年级）	能够适应学校生活，初步形成集体意识和组织观念，对社会中的各类职业角色有初步感知，能够理解社会分工的不同。	能积极参与学校活动体验社会角色，了解社会角色的职责，初步形成自理能力和社会责任感。	能在老师的引导下，尝试发现自己感兴趣的、与职业岗位相关的问题。	能在教师指导下简单制作一些相关的作品，例如导游词、冰淇淋、小蛋糕等。
中年段（三至四年级）	能够主动分享自己的体会和感受，形成良好的劳动意识，在了解职业生活的过程中懂得体会工作的辛苦，加深对家庭和社会角色关系的认知。	能通过劳动体验形成职业岗位的服务意识，感悟到工作带来的充实感与责任感，形成乐于助人的品质，认识到作为家庭和社会一分子的责任与担当。	能够发现感兴趣的并与职业岗位相关的问题尝试初步解决，以初步形成对自我、职业和社会三者关系的理解。	能在教师的指导下形成一定的行业作品，如插花、多肉 DIY，新闻稿、摄影视频等等。
高年段（五至六年级）	能够初步分析和评价不同的职业生活，初步形成自己的职业志趣，树立正确的职业观念。	能初步养成自立意识，增强对家庭和学校的责任感，学会理解、尊重各种劳动者，进一步形成对自我、学校、社区负责任的态度。	能发现并提出自己感兴趣的问题，在老师和家长的帮助下将它们转化为小课题进行探究，提出初步的解决方案。	能够形成具有一定创造性的反映职业生活的作品，如创编小型情景剧，开展戏剧、曲艺表演等。

其次，由于职业体验成为《指导纲要》中综合实践活动课程一大新的活动方式，因此学校考虑将原有的一些职业体验活动的内容进行深化与拓展。以最先着手推进的“爱心校报”职业体验活动为例，他们逐步开发并尝试实施以“职业体验”活动方式为主、旨在构建以多个体验单元组合而成的综合实践学习过程。学校团队在原有的只有售卖环节的“校报义卖”基础上，规划开发包含采编制作在内的“爱心校报”职业体验活动（见表 13-2）。

表 13-2　“爱心校报”职业体验活动规划

阶段		体验内容
第一单元	“爱心校报”的筹备	1. 成立报社，组织相关人员（社长、主编、记者、摄影师、文字编辑、美术编辑、校对等人员）； 2. 考察编报过程，明确人员分工、熟悉编报流程、做好成本预算等。
第二单元	“爱心校报”的策划	1. 确定校报内容板块（如学校活动通讯稿、学生作文、摄影作品、美术作品、教师作品等）； 2. 确定报纸采编、排版、审阅底线时间。
第三单元	“爱心校报”的编辑	1. 组织与选择稿件（派出采编人员进行采集素材、撰写稿件，接收校园来稿）； 2. 编校稿件（对来稿进行文字编辑、校对）； 3. 策划版样（将所有稿件进行版面分配，交与版面编辑，进行划版）； 4. 电脑组版（编辑部负责人审阅版样，送文印公司进行电脑组版，打印若干份）； 5. 再次核对（再一次核对修改的地方，确认无误）； 6. 制订校报印刷预算方案； 7. 选择印刷公司（多家比较，择优选用）。
第四单元	“爱心校报”的义卖	1. 学生自行组成义卖小组，选择义卖地点； 2. 确定宣传和销售方式（促销手段及其成本等）； 3. 组织义卖并做好收入记录。
第五单元	“爱心校报”成果展	1.“爱心校报”制作与义卖的总结与分享（活动照片记录、体验活动文字感想等）； 2. 反思“爱心校报”制作与义卖过程的优点与不足，并提出改进意见，对优秀学生 / 作品进行表彰。

新规划的“爱心校报”职业体验活动，是为学生创设了一个模拟报社的职业情境，类似于一个“微型社会”或者其中的一个机构。在这个体验活动中，学生将承担着不同的职业角色，经历诸多不同的体验过程：有关于报社的人事分配与任务安排的，有关于版面设计、文字编校和稿件采编的，还有关于发行营销等。在这个过程中，学生将以“报社职业人”的身份去面对一些真实的问题并尝试解决，并对整个的体验过程进行反思。

“爱心校报”活动虽然主要的活动设计思路是职业体验，但是并不意味着与其他三种活动方式相割裂，而是与其他三种活动方式有着一定程度的整合。

1. 职业体验与考察探究的结合

首先，校报的内容，学生可以根据社会、学校和自身生活进行考察探究后选择并确定；其次，校报印刷的校外合作企业以及校报义卖地点的选定，学生可以采取问题探究的方式，根据需要解决的问题，实地观察探索，寻求有效解决方案。

2. 职业体验与设计制作的结合

校报的稿件编辑与排版设计等过程构成了校报制作的主要过程，而这些过程一定程度上体现了设计制作这一活动方式。

3. 职业体验与社会服务的结合

"爱心校报"制作完成以后，学生在教师的指导下，走出学校，进行义卖。学生通过自己的劳动将报纸卖出以获得收入，然后将收入用于帮助学校或社会中的困难群体，也体现了在服务中学习、在学习中服务的活动方式。

目前学校正尝试实施新开发的职业体验活动，力求将《指导纲要》的精神贯彻落实下去。所以，这是一个提升学校原有职业体验活动的案例。从这个案例中我们可以看到，根据《指导纲要》的四个目标维度进一步厘清学校职业体验活动所设置的具体目标，并根据活动中可能的职业体验情境而拓展可行的职业体验内容，或许是学校在原有基础上进行深化的首选方略。当然，所规划的体验单元是否实现既定的目标，还有待于后续实施过程中各个单元的具体体验活动展开得如何来加以印证。

二、义乌市幸福湖小学："职业体验"从活动到课程[1]

义乌南枣是义乌三宝之一，为贯彻落实《指导纲要》为贯彻落实幸

[1] 相关素材取自义乌市幸福湖小学的课程材料，并参见季敬堂主编：《义乌枣文化综合实践活动案例精编》，浙江科学技术出版社，2019。

福湖小学基于立足本地特色、传承地域文化的宗旨，以“枣文化”为主题开发了系列化的综合实践活动课程并在学校里加以实施。其中的“制枣”单元是以职业体验活动方式开展的，这是一个在制枣现场学生亲历制枣地方工艺的体验过程。在活动之后，学生大致还原了整个制枣活动的过程。

1. 挑枣

做蜜枣之前首先需要对枣进行挑拣，依照枣的大小分别放到不同的篮子里。这主要是考虑到划丝机的型号有大小的区别，依照大小不同来进行划丝机的应用。同时，我们也需要挑出过于成熟或者质量不好的枣，这些枣都不能再用来做蜜枣。

2. 划丝

将青枣划丝，不同大小的青枣用不同型号的划丝机。陈伯伯告诉我们，给枣划丝主要是为了在熬制蜜枣的时候能够让糖分更好地渗入青枣之中，这样熬制出来的蜜枣味道更浓郁，更好吃。

3. 洗枣并调制糖与水的比例

将挑好的青枣用清水洗干净后将水沥干，并称出青枣和白糖的重量。这里我们知道了要想让熬制出来的蜜枣更好吃，要注意青枣和白糖的比例，当白糖与青枣为 1∶2 的比例的时候，蜜枣制作效果最佳。

4. 大火熬煮、翻炒

下面我们就要熬煮蜜枣了。先在准备好的大锅里倒入一瓢水，加入准备好的白糖及青枣，用糖铲将白糖与青枣搅拌均匀，用火熬煮。蜜枣的熬煮可是有讲究的，中间不能放着不管，而是要多翻炒几次，避免煮焦。

5. 捞沫

大火将青枣煮至白色泡沫浮起后用漏勺将泡沫捞出，“蜜枣达人”告诉我们白色泡沫为附在青枣上的一些脏东西，捞干净以后蜜枣吃起来才放心。

6. 小火熬煮收水

捞干净白色泡沫后继续大火熬煮半个小时，等到锅里面的水分快收干时改用小火熬煮。

7. 捞出蜜枣沥干

小火熬煮过程中需要做好观察，看到锅里面的糖汁能拔丝即可关火，用漏勺捞出至过滤盆，将糖汁沥干。

8. 晾晒

之后将沥干糖汁的蜜枣平摊在米筛上，并把盛有蜜枣的米筛放在太阳下晾晒干。

9. 评枣

（1）同学评枣

煮好的蜜枣呈现在我们面前，让我们兴奋不已，我们开心地将蜜枣拿到班里，与同学们一同分享劳动成果，让同学们检验我们的劳动成果。

同学们品尝了我们的蜜枣，都说蜜枣很好吃。听到同学们这样的评价，我们心里都乐开了花。也有同学说我们的蜜枣有的比较甜，有的不太甜。我们仔细思考了蜜枣的制作过程，觉得可能是翻炒过程中没有搅拌均匀，导致个别蜜枣沾糖不足。在这方面我们还需要请教“蜜枣达人”。

（2）蜜枣达人评枣

说走就走，我们将制作好的蜜枣带给制枣高手陈伯伯，一方面让陈伯伯尝一尝我们的手艺，另一方面也希望陈伯伯能够为我们的蜜枣制作提供一些意见和建议。

陈伯伯对我们的努力也表示了肯定，说我们小小年纪愿意传承义乌的传统文化实属不易，能够参与到蜜枣制作过程中来就是一种进步。从实践中获得知识，从实践中感受劳动的快乐就是一种成功。

同时，陈伯伯也指出我们所制作的蜜枣存在很多不足，比如蜜枣的味道吃起来比较甜，但是吃过之后有一点儿苦的味道，这是因为火候没有掌握好，需要通过经验的积累再控制火候；一些蜜枣还没有晾晒干，这是因为晾晒的过程中没有给蜜枣“翻身”，导致蜜枣粘连在一起，或者一些蜜糖受潮也影响了蜜枣的口感。“达人”就是“达人”，一针见血地指出我们的问题，让我们获得了更大的进步空间。

这是学生近距离接触家乡特色文化的一次体验。蜜枣作为义乌的特产，与其特殊的传统制作工艺是分不开的，让学生有机会了解并实践，很有必要。这样的活动作为贯彻落实《指导纲要》精神的学校综合实践活动课程，需要进一步明确课程的目标。目前，学校将这项体验活动的目标定位于：

①知道蜜枣制作的步骤。学习搜集、处理资料以及调查研究的方法。

②提高沟通交流能力、动手实践能力及对知识的综合运用和创新能力。

③体会劳动的艰辛和快乐，感受其中蕴藏的文化财富。

从目标的设定看，当前课程已经超越了单纯的蜜枣制作工艺而试图实现更高的层级。确实，学会做蜜枣、甚至做高品质的蜜枣可以是体验活动试图达成的目标之一，但是如果仅仅将目标定位于此，则不能充分发挥枣作为课程资源的教育潜力。因此，目前职业体验活动的目标设定包含了价值体认的维度，希望学生能从制枣的体验过程中感受劳动本身的艰辛与快乐，加深对地域文化和民间工艺的感情。如果能够从《指导纲要》课程目标的四个维度去进一步思考，将会使课程目标更加清晰，也更有助于对课程资源的挖掘。我们需要注意的是“既要基于职业体验又要高于职业体验”，也就是说，要善于从具体的职业体验活动中抽离出一些对于学生未来发展有着重要意义的元素，从目标的维度对其进行厘清是第一步。

接下来，我们还需要注意在课程实施和评价的环节去落实这些目标、检验目标有否实现。这就与过程中指导者的指导有很大关系。由于制枣工艺的特殊性，幸福湖小学聘请当地的制枣达人在制枣过程中对学生的体验活动给予现场指导，这是非常有必要的。不过，制枣达人对于学生的指导一般只局限在制枣工艺、制枣质量等方面，对于从中如何引导学生思考相关的或者更深层次的问题，可能还是需要学校教师的指导介入。例如，可以从制枣所需的职业态度出发，引导学生思考今后对待任何职业所需要的基本态度，像专注敬业、精益求精、与人合作等等，或是引导学生反观自己当前的学习态度；可以从制作高品质蜜枣所需要的职业技能、技术出发，引导学生思考高质量的产品与知识储备、技能学习之间的关系；思考技术改进对于产品质量改善的关系；也可以从义乌枣升华至家乡的文化，引导学生对于家乡文化乃至中国传统文化的进一步了解，从而加深对传统文化的亲近与理解……在教师的引导下，学生基于一定的体验活动进行有序而深入的反思，将从中收获更多。这样，也就使职业体验活动能够跳出职业劳动本身而达成更广范围的课程目标，从而实现新《指导纲要》的精神主旨。

三、杭州市丁兰实验中学："职业体验"以评价触及意义[1]

在杭州市丁兰实验中学，职业体验活动也是学校"兰圃"生涯教育体验课程体系的重要组成部分。"兰圃"生涯教育体验课程本着"重体验""扬个性""求创新"的原则，旨在对学生进行职业意识的唤醒，根据自己设定的职业角色去参加一系列生涯体验课，从而认识自己、培养能力，形成初步的生涯规划。具体来讲，这三条原则是：

第一，重体验。由于初中生认知事物、分析问题的能力较弱，本课程所开展的活动以体验为主，旨在引导学生对社会上各种职业有初步的、感性的认识。

第二，扬个性。学生可根据自己的兴趣爱好自主选择参与课程的各

[1] 相关素材取自杭州市丁兰实验中学的课程材料，2019 年 6 月。

项活动，课程充分重视在活动中对孩子兴趣、特长的培养。

第三，求创新。要求学生在体验活动中，不仅仅是简单地重复他人做过的事情，更要对某项职业提出自己的感悟、思考与建议，注重学生创新意识的培养。

基于此，在职业体验活动的分享与交流阶段，教师往往在学生感性地表达自己对于体验活动的感受之时，还常常指导学生尝试理性地从所体验的职业岗位出发，去发现职业体验情境中的一些相关问题，并提出相应的意见和建议。于是，学生的分享和交流内容就有了感性和理性的结合。

分享 1：体验岗位——售货员

售货员是个很常见的职业，但即使只是在一间很小很小的商店中工作，也要尽自己全力。为此，我特地了解了售货员的工作：

1. 准时上班，参加晨会。

2. 清洁货架和商品卫生。

3. 检查商品标价牌和商品是否一致，是否有未贴条码商品。

4. 检查商品是否满架，存量不足时及时到内库取货。取货时应注意：保质期短和先验收的商品先上架；取商品时应由上而下，并将挪动的商品及时还原，严禁站在商品上取货及从中间抽取。

这次“职业体验”活动让我感受到了要经营一家小店，收入又可以维持生活是很难的，要用许许多多不同的方法，吸引人们来消费，提高营业额。我们学会了推销产品有礼貌，若客人说他不需要，也要说“打扰您了”，不可以强行推销。我觉得要做好一桩生意，有以下几个因素：

第一，与人打交道的能力。

对待客人要诚恳，说话要有技巧，要懂得听客人的意见，要以微笑面对每个客人，对待任何不同的客人，都应该坦诚相待，让他们感受到我的真诚，不能让客人认为我有欺骗行为，这样他非但不会买我的商品，而且会认为我开的这家店是“黑店”，骗人钱财。有些人还会告诉家人与朋友，于是一传十，十传百，我的店就没有人光顾了，我也就无法继续营业了。所以，对待客人诚恳是做成生意的一大因素。还有，说话技巧方面，我总结出了以下三小点：①遇见客人进店先要说“您好”。②客人挑选商品的时候询问价钱，要先微笑，再如实回答。③客人结完账离开时，一定要说：“欢迎您下次光临。”就算客人什么也没买，依然要恭恭敬敬地说，至少给客人一个好印象。

第二，经营之道。

商品要做到物美价廉，一般的小区门口小超市就是方便小区居民不用跑去大超市采购物品。但是，商品如果质量不过关，价格无论怎么便宜，都是没人买的。现在，人们吃得饱穿得暖，考虑的不只是价格问题，更考虑质量问题。食物质量不符合要求，吃坏了肚子，看病要花更多钱，主要的是人身体难受。所以，人们如此考虑，商品必须质量好。小超市是方便群众的，但是即使你的商品质量再好，价格太贵也少有人买，因为大超市里的东西保质保量，还可以退货，人们不会因为方便而多花钱，所以，物美价廉是第二大点。

……

今天这次活动让我看到的只是做生意的冰山一角，还有许许多多未知等待着我们去发现。其实，经营就属于生活的一部分，优秀的经营者往往都是对生活乐观向上的。我真希望自己有明亮的双眼，探究、发现生活无穷无尽的魅力；我真希望自己有勤劳的双手，发掘、创造生活无边无际的新视野。在这次体验活动中，我们都受益匪浅，各有各的感受与想法。时间流逝得总是很快，这次活动就快结束了。阳光洒在我的脸上，迈着轻快的步伐，我们共同走向下一个新的篇章。

——学生 KN，LYF，ZYH

分享 2：体验岗位——会计

体验感受：

我唯一的感受就是累，死命地累；酸，狠狠地酸，不过还带着一丝小小的成就感。想起妈妈每天都要更艰辛地劳动，我的心一下子愧疚了起来。我暗暗发誓，以后一定要加倍对妈妈好。我也要坚强起来，不能因为辛苦而放弃，虽然我不能帮上妈妈什么大忙，但是力所能及的事情我还是会做的。我一定会做的！

合理建议：

1. 在单位里多种植一些绿植。不仅能让公司变得更有生机，还能让工作的员工们休息自己的眼睛。

2. 完善公司设备。在公司里，有许多设备已经比较破旧了，工作起来也比较慢，这让员工们的效率变慢。

3. 多增加员工休息时间，多举行一些活动，注意劳逸结合，有时候一次小活动，就能提高员工的积极性。

4. 进行公开的奖励和惩罚。激励措施虽然不能说是员工责任心和积极性的原动力，但却是最有效的手段。

优化方案：

1. 根据第一条建议，在单位里多种植一些绿植。比如我们可以在公司门口甚至公司的每一处都可以放一盆小小的花。在公司的办公室里，也可以摆上两盆清新的绿萝。这是不是别有一番风味？

2. 根据第二条建议，完善公司里的设备。公司的打印机、电脑都有好几年的历史了，员工需要新的打印机与电脑。

3. 根据第三条建议，多增加员工休息时间，多举行些活动。员工们上班的时间可以延迟半小时，下班时间可以提早半小时，中午也可以有半小时的休息时间。至于活动，可以在一些重要的日子举办，也可以在全年中，公司举行旅游，员工自愿报名。

4. 根据第四条建议，进行公开的奖励和惩罚。如果员工都处于一种干好干不好都差不多的状态，企业实现宏伟的发展蓝图也就无从谈起。公司领导应该不断地该批评的批评，该鼓励的鼓励，要树立典型，因为榜样的力量是无穷的。

——学生 CLX

分享 3：体验岗位——软件公司行政管理

体验感受：

首先，我觉得在学校和单位的很大一个不同就是进入社会以后必须要有很强的责任心。在工作岗位上，我们必须要有强烈的责任感，要对自己的岗位负责，要对自己办理的业务负责，同时又要有团队协作精神，因为你的工作会影响到其他部门、其他人员的工作效率。

其次，我觉得每个人都必须要坚守自己的职业道德并努力提高自己的职业素养。正所谓做一行就要懂一行的行规。在这一点上，我从爸爸单位的同事那里深有体会。比如，有的事务办理需要工作证件，虽然对方可能是自己认识的人，他们也会要求对方出示证件，而当对方有所微词时，他们也总是耐心地解释为什么必须得这么做。现在商业企业已经纳入正规化管理，所以职员的工作态度问题尤为重要，这点我有亲身感受。

再次，我觉得到了实际工作中以后，主要看的是个人的业务能力和交际能力。熟能生巧，任何工作，做得时间长了是谁都会做的，但要把工作做得更好，还需要在工作中多思考，务求专注。

因此，我体会到，如果将我们在学校里所学的知识与更多的实践结合在一起，用实践来检验真理，这才是我们学习的真正目的。

合理建议：

1. 需要加强关于上班期间玩手机现象的管理；

2. 需要加强关于上班经常迟到现象的管理；

3 需要加强食堂就餐现象的管理；

4. 需要加强上班期间网购现象的管理。

优化方案

第一，针对上班玩手机，要加强这方面的规章制度管理，提出四点优化方案：

1. 各部门领导要做到以身作则，如发现部门领导以上人员在上班期间玩手机每次处罚 100 元。

2. 如发现员工在上班期间玩手机，第一次罚款 20 元，第二次罚款 50 元，第三次罚款 100 元，第四次扣除当月的全勤奖。

3. 各部门要切实加强本部门的员工管理和监督检查，加大检查力度，最大限度地减少或杜绝员工上班期间玩手机的现象。员工离开工作岗位必须佩戴离岗证。

4. 所有罚款费用用于公司活动经费，如参观、学习、旅游等。

第二，针对上班迟到现象比较严重，提出三点优化方案：

1. 发布通知，重申考勤管理制度的重要性。由总经理授权，行政管理部发布《关于严格执行公司考勤管理制度的通知》。通知重申，针对迟到现象行政管理部将严格按照考勤管理制度进行罚款。为了广而告之，除了将通知电子版发送至各科室负责人外，行政管理部还在公司公告栏、食堂等显著位置进行张贴。另外，为了有一个适应期，通知规定，自通知发布之日起第三日开始执行。

2. 将“上月度员工迟到汇总表”张贴 。行政管理部将“上月度员工迟到汇总表”在公司显著位置进行张贴。目的有三：①通过直观的“迟到分钟数”，让员工知道公司员工迟到现象已经非常严重，公司发布通知不是无中生有，是迫不得已而为之；②通过书面的形式提醒经常迟到的员工，公司已经给过你机会了，如还是继续迟到，公司就要严格按考勤制度罚款了；③迟到被公布总是不好看的，希望员工迫于面子，以后能加强纪律意识，自我约束，尽量不要迟到。

3. 及时检查并公布制度执行情况。制度的生命在于检查执行，再好的制度没有检查执行就失去了生命力。

第三，针对食堂就餐现象的管理，提出八点优化方案：

1. 各部门按规定的时间就餐，不得提前就餐。

2. 就餐时请自觉排队，不得随意插队。

3. 员工进入食堂后，遵守秩序，文明用餐。

4. 就餐人员自觉维护公共卫生，不随处乱扔菜渣。

5. 就餐完毕自觉清理餐具和桌面。

6. 就餐人员服从食堂管理人员的管理，爱护公物。

7. 讲文明、讲礼貌，尊重管理人员，若对食堂的饭菜质量和食堂人员的服务态度有意见，可提请行政管理部协商解决并妥善处理。

8. 就餐人员不得将餐具带离食堂或带出占为己有。

第四，针对上班时间网购现象的管理，提出两点优化方案：

1. 正常工作时间内任何员工不得上网购物及工作时间内不得离岗取私人快件，对违规员工初次给予批评教育并提出警告，二次及以上者每次给予责任人 30—50 元的罚款。

2. 网络信息部应加强技术手段，严格加强网络监管，严格考核。对于那些因工作需要用到网络的员工开通外网，但要设置相应可访问的网站，其他员工只开通内网。

——学生 CYT

根据库伯的体验式学习循环圈，“体验 + 反思”是职业体验活动中具有同等重要地位的元素。两者之间的双向互动关系，最终使职业体验活动的育人价值得以彰显。如果没有反思，学生在职业体验活动中的经验就很难超越为一种具有“意义性”的体验，很难达到感性与理性的统一，因为反思不等同于一般的思考，它既有对自我各个方面的再认识，也有对外部环境的再认识。[1]让学生有机会反思，是为了促进和提升他们的体验过程。

学生在分享与交流时表达他们的一些反思成果，既给了学生一个反思的平台，更是在教师指导下的、尝试基于“体验 + 反思”的一种问题解决。我们看到，丁兰实验中学的学生既表达出了自己在职业体验中对于相应职业岗位的直观感受，又表达出对于自己在体验时所发现问题的进一步审视。虽然这几位同学发现的问题或许还不够全面，提出的建议可能还比较幼稚，但这些毕竟是他们真真切切的感受和实实在在的思考。所以，这样的过程触及了我们开展职业体验活动所追求的意义，即活动对于学生成长为一个“完整的人”的意义所在。由此，相对于“体验”，在现实的职业体验活动中我们往往更需要关注“反思”，因为“体验”（或者更准确地说是“经验”）总是比“反思”似乎更容易做到。

当然，由于学生所发现的问题或存有局限，有思考的解决方案或未可行，因此这就更需要教师进一步的点拨、引导，好的指导可以在此基础上不断推进。同时，教师在侧重对于“问题解决”的指导之外，也可以根据“价值体认”和“责任担当”维度的课程目标对学生展开促进其反思的指导，指导学生将反思的范围从特定的职业岗位或者职业领域走向具有通用性的劳动态度或劳动精神，例如前文提及的工匠精神等。所以从这一点上来看，虽然在课程的评价环节让学生把反思的结果尽可能地表达出来，也就是在把职业体验活动育人的整体价值尽可能地揭示出来。但毋庸置疑，这与教师的有效指导以及课程目标的正确厘定是分不开的。

[1] 朱凌云等：《中小学生涯教育理论与方法》，北京师范大学出版社，2015，第 8 页。

后　　记

本书所阐释的内容分为上下两编，主要针对2017年教育部《中小学综合实践活动课程指导纲要》提出的四种活动方式之中的两种——社会服务和职业体验。基本的分工为：上编“社会服务”部分由宁波大学教育学院副教授仲建维负责，下编“职业体验”部分由杭州师范大学教育学院教授杨燕燕负责，全书由杨燕燕统稿。

在著述过程中，杭州师范大学教育学院课程与教学论方向研究生何秋玥（现为浙江经贸职业技术学院教师）、蒋晗、黄舒婷、林苏蝉（现为杭州采荷第三小学教育集团教师）参与了“职业体验”部分初稿的讨论与起草（第七、第十章：黄舒婷；第八、九章：蒋晗、林苏蝉；第十一、十二章：何秋玥；第十三章：蒋晗），同时她们也参与了部分学校的调研；研究生吴越参与了校对工作。

同时，要感谢在调研过程中给予帮助的学校和老师们，特别是杭州市夏衍小学戴玉梅校长，义乌市幸福湖小学季敬堂校长、教导处朱峥老师，杭州市丁兰实验中学赵骎校长、陆建芬副校长，以及杭州市江干区教育发展研究院全晓兰老师。

由于时间和研究水平有限，书中存在不够完善之处，恳请广大读者和研究者批评指正。

杨燕燕　仲建维

2019年10月